R.E.I. Editions

Tutti i nostri ebook possono essere letti sui seguenti dispositivi:
- Computer
- eReader
- iOS
- Android
- Blackberry
- Windows
- Tablet
- Cellulare

French Academy

Muladhara

Il Primo chakra

ISBN: 9782372972697

Pubblicazione: marzo 2016
Nuova edizione interamente riveduta e aggiornata: marzo 2026
Copyright © 2016 - 2026 R.E.I. Editions
www.rei-editions.com

Piano dell'opera

1 - Muladhara - Il Primo Chakra

2 - Svadhishtana - Il secondo Chakra

3 - Manipura - Il Terzo Chakra

4 - Anahata - Il Quarto Chakra

5 - Vishuddha - Il Quinto Chakra

6 - Ajna - Il Sesto Chakra

7 - Sahasrara - Il Settimo Chakra

French Academy

Muladhara
Il Primo Chakra

R.E.I. Editions

Indice

Il sistema dei chakra 11

Muladhara - Primo Chakra 16

Come attivare il 1° chakra 28

Colore del primo chakra 29

Oli essenziali associati al primo chakra 32

    Sandalo 34

    Patchouli 38

    Legno di cedro 41

    Incenso 43

    Salvia 46

    Vetiver 49

    Garofano 52

    Zenzero 55

    Benzoino 58

Fiori Himalayani associati al primo chakra 61

    Down To Earth 63

Fiori Californiani associati al primo chakra 65

    California Pitcher 67

    Manzanita 68

    Mountain Pride 70

Rosemary 72
Fiori Australiani associati al primo chakra 74
   Macrocarpa 76
   Waratah 78
Fiori di Bach associati al primo chakra 80
   Aspen 83
   Beech 85
   Chestnut Bud 86
   Chicory 87
   Crab apple 89
   Elm 91
   Mustard 93
   Olive 94
   Rock water 95
   Willow 97
Numero del primo chakra 99
Esercizi fisici 104
Pietre consigliate per il 1° Chakra 108
   Ematite 109
   Corallo 111
   Diaspro Rosso 113
   Ossidiana 115
   Pirite 117
   Onice nero 119

Tormalina 121

Granato 123

Rubino 125

Tectite 127

Staurolite..129

Shungite..130

Quarzo Ematoide 132

Quarzo fumé 134

Occhio di Falco...135

Legno fossile 136

Covellina...137

Il sistema dei chakra

Con la parola Chakra si vogliono indicare i sette centri di base di energia nel corpo umano: i chakra sono centri di energia psichica sottile situati lungo la colonna vertebrale.

Ciascuno di questi centri è connesso, a livello di energie sottili, ai gangli principali dei nervi che si ramificano dalla colonna vertebrale. In più, i chakra sono correlati ai livelli della coscienza, agli elementi archetipici, alle fasi inerenti lo sviluppo della vita, ai colori, che sono strettamente legati ai Chakra, perché si trovano all'esterno del nostro corpo, ma all'interno dell'aura, vale a dire il campo elettromagnetico che avvolge ciascuna persona,ai suoni, alle funzioni del corpo e a molto, molto altro.

La dottrina orientale che ne ha diffuso la conoscenza nel mondo occidentale considera i Chakra come aperture, porte di accesso all'essenza del corpo umano.

- I chakra sono solitamente rappresentati dentro a un fiore di loto, con un numero variabile di petali aperti: i petali aperti rappresentano il chakra nella sua piena apertura.

Su ogni petalo è scritta una delle cinquanta lettere dell'alfabeto sanscrito, le quali, sono considerate lettere sacre, quindi, espressione divina. Ciascuna di esse esprime, inoltre, una diversa attività dell'essere umano, un suo diverso stato, sia manifesto, sia ancora potenziale.

Ogni chakra risuona su una frequenza diversa che corrisponde ai colori dell'arcobaleno.

- I sette Chakra principali corrispondono, inoltre, alle sette ghiandole principali del nostro sistema endocrino.

La loro funzione principale è quella di assorbire l'Energia Universale, metabolizzarla, scomporla e convogliarla lungo i canali energetici fino al sistema nervoso, alimentare le aure e rilasciare energia all'esterno.

- Ciascuno dei sette centri ha sia una componente (solitamente dominante) anteriore sia una componente (solitamente meno dominante) posteriore, che sono collegate intimamente, fatta però eccezione per il primo e il settimo, che, invece, sono singoli.

Dal secondo al quinto, l'aspetto anteriore si relaziona con i sentimenti e con le emozioni, mentre quello posteriore con la volontà, mentre per quanto riguarda il sesto anteriore e posteriore, e il settimo, la correlazione è con la mente e la ragione.

Il primo e il settimo hanno, inoltre, l'importantissima funzione di collegamento per l'essere umano: essendo i Chakra più esterni del canale energetico, essi hanno la caratteristica di porre in relazione l'uomo con l'Universo da un lato e con la Terra dall'altro: il perfetto funzionamento del sistema energetico è sinonimo di buona salute.

Ogni centro sovraintende a determinati organi, e ha particolari funzioni a livello emotivo, psichico e spirituale.
Tra i sette fondamentali, esistono delle precise affinità:

- Primo con Settimo: Energia di base con Energia spirituale.
- Secondo con Sesto: Energia del sentire a livello materiale con Energia del sentire a livello extrasensoriale.
- Terzo con Quinto: Energia della mente operativa e del potere personale con Energia della mente superiore e della comunicazione.
- Quarto: ponte tra i tre superiori e i tre inferiori e fucina alchemica della trasformazione.

A ogni Chakra è associato un colore, che corrisponde e deriva dalla frequenza e dalla vibrazione del centro stesso.
Inoltre a ogni Chakra corrisponde un mantra, il suono di una nota musicale e, in alcuni casi, anche un elemento naturale, un pianeta o un segno zodiacale.
Poiché il sistema dei chakra è il centro d'elaborazione principale per ogni funzione del nostro essere, il bloccaggio o un'insufficienza energetica nei chakra provoca solitamente disordini nel corpo, nella mente o nello spirito: un difetto nel flusso di energia che attraversa un dato chakra, provocherà un difetto nell'energia fornita alle parti connesse del corpo fisico, così come interesserà tutti i livelli dell'essere.

- Ciò perché un campo di energia è un'entità Olistica: ogni parte di esso interessa ogni altra parte.

Gli oli essenziali sono in grado di sintonizzarsi con i chakra specifici: il loro profumo e la loro vibrazione ci mettono dolcemente in contatto profondo con I. nostri centri energetici.

Il massaggio con specifici oli essenziali sui punti corrispondenti ai chakra, attiva ed equilibra la loro azione, armonizzando e rinforzando l'intero organismo.

Partendo dal basso, i sette chakra sono:

- 1° = Muladhara.
- 2° = Swadhisthana.
- 3° = Manipura.
- 4° = Anahata.
- 5° = Vhishuddhi.
- 6° = Ajna.
- 7° = Sahasrara.

Ciascuno dei sette chakra, inoltre, viene a rappresentare un'area importante della salute psichica umana, che possiamo brevemente riassumere come:

1. Sopravvivenza.
2. Sessualità.
3. Forza.
4. Amore.
5. Comunicazione.
6. Intuizione.
7. Cognizione.

Metaforicamente, i chakra sono in relazione ai seguenti elementi archetipici:
1. Terra.
2. Acqua.
3. Fuoco.
4. Aria.
5. Suono.
6. Luce.
7. Pensiero.

Muladhara - Primo Chakra

Il primo chakra è detto chakra della base o chakra della radice ed è, quindi, connesso con l'esistenza terrena a livello prettamente fisico e con l'olfatto.

- E' il primo dei sette centri energetici del nostro corpo ed è localizzato alla base della spina dorsale, nella zona del perineo, tra i genitali e l'ano.

È il primo Chakra partendo dal basso e questa posizione ne fa il sostegno di tutti gli altri.
Ha come simbolo il Loto rosso a quattro petali con inscritte in oro le quattro ultime consonanti dell'alfabeto sanscrito: «v, sh (linguale), sh (palatale), s».

- Si ritiene che i quattro petali del fiore di loto rappresentino i quattro elementi terrestri:
  - ❖ Terra.
  - ❖ Acqua.
  - ❖ Fuoco.
  - ❖ Aria.

Insieme, si uniscono per formare il mondo fisico o prakriti.

- Il quinto elemento, lo spazio, non è incluso perché non è visibile all'occhio fisico umano.

Muladhara è un vortice unico rivolto verso il basso, verso la terra, non ha movimenti anteriori o posteriori come gli altri chakra: da qui originano i tre canali energetici Sushumna, Ida e Pingala.

Il suo funzionamento si armonizza con il settimo chakra, quindi, con l'asse neuro-ormonale ipotalamo-ipofisi-gonadi-surrene.

- Il chakra Muladhara costituisce il fondamento e la radice del sistema energetico dei chakra, poiché attraverso di esso viene raccolta l'energia emanata dalla terra e dalla natura e in seguito trasformata.

E', quindi, il fondamento degli altri chakra, è la terra in cui ancorare le radici e dare stabilità, sicurezza e difesa.

- La sua funzione principale è la sopravvivenza e la parola chiave associata: "Io esisto".

È orientato verticalmente con l'apertura dell'imbuto verso la Terra.
La sua funzione principale sarebbe legata al corpo materiale, all'istinto di sopravvivenza e produrrebbe un senso di armonia fisica e mentale in rapporto alla natura, soddisfacendo i bisogni primordiali quali il cibo, l'acqua, l'aria, il riposo.

- Il Muladhara Chakra è il baluardo della stabilità, è il fondamento su cui poggiamo il nostro essere.

Rappresenta la stabilità nelle nostre vite, non solo dal punto di vista finanziario o materiale, ma anche nella nostra salute fisica e mentale.
Quando è in armonia, ci dona un senso di radicamento, consentendo all'anima di crescere in altezze impensabili, sentendoci radicati e sicuri.

- Muladhara è, quindi, associato alla sensazione di sicurezza.

Quando questo chakra è in equilibrio, ci sentiamo protetti e abbiamo fiducia nella vita, il diritto a esistere: al contrario, un primo chakra sbilanciato può portare a insicurezza, ansia e paura.
L'elemento terra pervade il primo Chakra, creando un legame profondo con la natura: questa connessione con la terra è la chiave per comprendere il nostro posto nell'universo.

- Quando onoriamo la terra, onoriamo noi stessi, e il Muladhara ci insegna a farlo con gratitudine e rispetto.

Il Muladhara Chakra è la radice profonda dell'anima, un luogo sacro in cui l'essenza dell'uomo si unisce alla maestosità della terra: è un richiamo all'umiltà, un invito a celebrare la bellezza e la semplicità della nostra connessione con la natura.

- Il primo chakra è, quindi, il fondamento della nostra energia vitale.

Mantenerlo in equilibrio è essenziale per la nostra stabilità, sicurezza e benessere generale.
Possiamo rafforzare il nostro primo chakra e costruire una base solida per la nostra vita: la consapevolezza e l'equilibrio del primo chakra possono portare a una vita più armoniosa e appagante.

- Il primo chakra, poiché ha solo un polo, tenderebbe a essere un po' più grande degli altri chakra.

Ha come simbolo geometrico il triangolo con un vertice in basso racchiuso in un quadrato, emblemi il primo dell'organo sessuale femminile e il secondo dell'elemento Terra: in esso dorme Kundalini.

Nel triangolo Traipura, i cui tre lati sono presidiati dalle divinità femminili Vama, Jyeshtha e Raudri, personificazioni di volontà, conoscenza e azione, risiede la dea Tripurasundari nella forma del suo bijamantra «klim»: sempre all'interno del triangolo si trova il lingam Svayamhhu, splendido come oro fuso e a forma di germoglio avvolto su se stesso, irradiante splendore lunare, sede di Shiva dall'incarnato verde-blu.

L'organo di senso rapportato al muladhara è il naso, sede dell'olfatto, mentre l'organo di azione sono i piedi, in diretto contatto con la terra, ancorati a essa dalla forza di gravità ma al tempo stesso basamento che permette al corpo di alzarsi e tendere verso l'alto.

- La caratteristica principale di questo chakra è la durezza, per cui la concentrazione operata su muladhara favorisce il rafforzamento e la stabilità.

Il bjamantra è «lam», cioè la lettera sanscrita «la» nasalizzata, ovvero pronunciata facendola risuonare nel naso: è il bijamantra del dio Indra, signore degli dei nel periodo più antico della civiltà indù, quello incentrato sulle sacre raccolte dei Veda.

Lam è anche il bijamantra di Dhara, la dea della terra.

La Shakti, l'energia cosmica femminile, qui si proietta come Dakini, terrificante dea su un loto rosso che si apre all'interno del fiore principale: questo ulteriore loto

sottolinea, con il suo colore acceso, l'energia potente e ancora da controllare della natura.
Dakini, risplendente come il sole nascente, vestita di nero, con volto feroce e occhi rossi, ha quattro braccia nelle cui mani ci sono la lancia, il khatvanga (un bastone con infilato un teschio), la spada e la tazza ricolma di liquido inebriante.

- Dakini purifica l'intelletto e conferisce l'illuminazione.

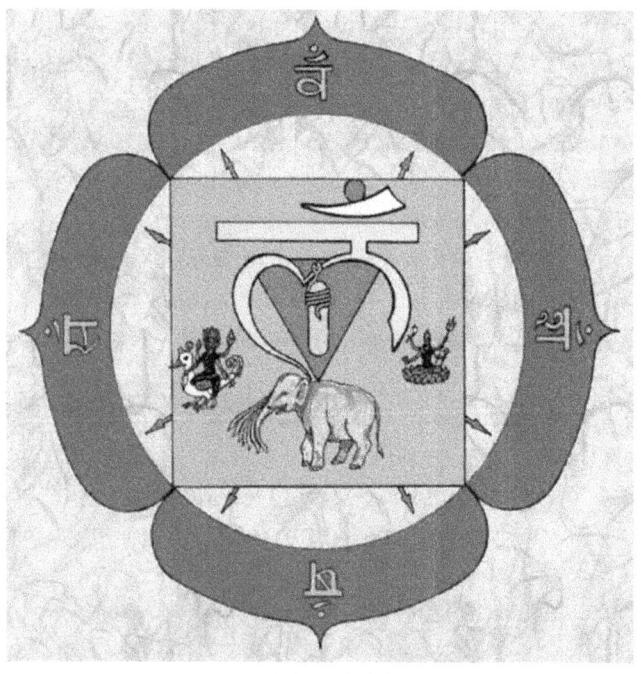

E' ghiotta di budino di riso, zucchero e latte ed è associata al plasma, uno dei sette tessuti che la medicina tradizionale indiana, l'Ayurveda, ritiene costituire il corpo umano.

Il primo è il chakra dell'inizio della crescita e non è possibile evitare di esplorarlo a fondo, di accettarlo e illuminarlo se si desidera iniziare, appunto, un cammino di crescita e di evoluzione spirituale.

- E' collegato ai reni e alle ghiandole surrenali.

Le sue funzioni fisiologiche riguarderebbero la produzione del sangue e delle ossa e le attività riproduttive.

- Da questo chakra arriverebbe una "energia terrestre" e la sua chiusura produrrebbe la sensazione che "manchi la terra sotto i piedi".

Nella mitologia greca si dice che l'uomo è stato creato dalla creta e che la nostra madre è Gea, la Terra.

Il primo chakra indica come sta in quel momento la persona rispetto alle sue energie fisiche: se la persona è contenta di vivere, se è in buona salute, perlomeno se crede di essere in buon rapporto con il suo corpo, se ha voglia di divertirsi, di giocare.

- Questo Chakra è normalmente associato alle ghiandole surrenali, agli arti inferiori, alla colonna vertebrale, all'intestino crasso, ai genitali e al sistema nervoso centrale.

Si sviluppa dal momento della nascita al compimento dei primi 24 mesi di vita, permettendo al bambino di crescere fisicamente e di maturare le capacità motorie.

Il Chakra della Radice esercita una forte influenza sulla carriera e sul rapporto con il denaro: il suo corretto funzionamento influenza la vita professionale, l'equilibrio a livello finanziario e il proprio senso di appartenenza.

Se c'è un funzionamento eccessivo di questo Chakra, sia i pensieri sia le azioni saranno orientate alla soddisfazione ossessiva dei bisogni materiali e della sicurezza personale: si vorrà possedere tutto ciò che si desidera, mentre sarà difficile dare o donare qualcosa.

- Qualora ostacolati, si reagisce con aggressività, collera, violenza, sentimenti o modalità che esprimono un atteggiamento difensivo, legato alla mancanza di fiducia nelle forze vitali ancestrali.

In questo atteggiamento c'è sempre la paura di perdere ciò che dà sicurezza e senso di benessere.

- Se, invece, vi fosse un'insufficiente funzionalità, si avrà debolezza e scarsa resistenza fisica ed emozionale.

Molte cose verranno vissute con eccessiva preoccupazione, anche se molto banali.
L'insicurezza esistenziale, nell'accezione più legata agli istinti primordiali, sarà il problema principale, ci si sentirà come se si fosse perso ogni punto d'appoggio.
Ogni fatto della vita diventerà insormontabile, perciò, si sogneranno condizioni più facili, più piacevoli e meno faticose, generando fughe mentali dalla realtà contingente.

Se i Chakra superiori si sono sviluppati maggiormente rispetto a quelli inferiori, si avrà la sensazione di essere fuori dal mondo, vivendo profondamente un senso di estraneità e di solitudine assoluta e senza speranza.

Se il blocco energetico interessasse anche il terzo Chakra, oltre al primo, ci si potrebbe trovare in presenza di anoressia.

Le patologie che possono causare il suo funzionamento disarmonico sono dovute a:

- Disturbi fisici, quali malattie intestinali, stitichezza, emorroidi, disturbi del nervo sciatico, dolori alla schiena, vene varicose, disturbi della vescica e ai reni, dolori alla prostata, malattie delle ossa, anemia, oscillazioni della pressione sanguigna.
- Disturbi psichici, quali fobie, debolezza, depressione, carenza di fiducia, tendenza a dipendere troppo dagli altri.

Il senso del primo chakra è l'olfatto, il primo senso che il neonato usa attivamente.

Gli animali si riconoscono in primo luogo attraverso l'olfatto: loro sanno riconoscere l'odore della paura (l'adrenalina che fuoriesce dai pori quando «sudiamo freddo»): per questo i cani sanno chi ha paura.

- L'adrenalina fa restringere i vasi sanguigni, aumentando, quindi, la pressione.

L'effetto è duplice: una maggiore quantità di sangue nutre i muscoli ma blocca le funzioni digestive.

L'uso dei profumi indica che l'olfatto è un senso importante: però, chi sta bene in salute e chi segue la

dieta giusta, non ha bisogno di deodoranti o di profumi, perché avrà già un odore gradevole e attraente.
I recettori dell'odorato sono situati alla base del cervello e si alimentano direttamente nel sistema limbico, che è l'area della memoria e delle emozioni.

- Quindi, gli aromi possono subito accedere a memorie emozionali che si trovano nel nostro inconscio.

L'animale del primo chakra è l'elefante con sette proboscidi.
Anche in Europa l'elefante suggerisce la forza primordiale: sa stare in un gruppo e sa morire da solo.
Apprezziamo l'intelletto di questo animale perché si ricorda dei suoi benefattori, come dei suoi nemici, ed è dolce: mangia solo verdura e conosce la propria forza, non schiaccerà mai un essere vivente.
La rappresentazione con sette proboscidi sembra curiosa: simboleggia i sette aspetti dell'intera vita e di ogni periodo specifico, i setti tipi di energia che sono a disposizione nella giornata, insomma i sette chakra.
Ogni chakra fornisce il prana a una diversa ghiandola endocrina: infatti, proprio come ci sono sette chakra, ci sono sette ghiandole endocrine.

- Sia i chakra sia le ghiandole endocrine, sono situati lungo la colonna vertebrale.

Le ghiandole endocrine producono ormoni e li forniscono al flusso sanguigno: queste ghiandole sono prive del dotto escretore, quindi, gli ormoni sono rilasciati direttamente nel flusso sanguigno, dove vengono trasportati a ogni organo e tessuto dal sangue, affinché esercitino la loro influenza su tutte le funzioni del corpo fisico.

Ogni ghiandola è internamente relazionata ad altre ghiandole e lavora anche a stretto contatto con il sistema nervoso e circolatorio: affinché gli organi del corpo funzionino in modo efficiente, il sangue deve contenere certe sostanze chimiche e queste sostanze chimiche sono secrete dalle ghiandole endocrine.

La secrezione delle ghiandole nel sistema endocrino è vitale per la salute dell'intero sistema: i nostri corpi si possono ammalare se ci sono pochi o troppi ormoni.

Come detto, le ghiandole endocrine del primo chakra sono le ghiandole surrenali, situate sopra la sommità di ognuno dei due reni.

- Le ghiandole surrenali sono la chiamata del corpo alla battaglia.

Quando l'adrenalina viene rilasciata nel sistema, le nostre percezioni diventano più chiare, abbiamo nuovo vigore ci sentiamo più coraggiosi: il rilascio dell'adrenalina attiva la sindrome lotta/fuga, che ci prepara per la battaglia o la fuga: il rilascio dell'adrenalina e l'attivazione della lotta/fuga, vengono generati da pericoli reali o immaginari.

Quindi, le nostre emozioni possono attivare un rilascio di adrenalina quando sentiamo una paura estrema o persino un'ansia cronica.

Il primo chakra è il "chakra della sopravvivenza" e la sindrome lotta/fuga è vitale per la sopravvivenza della specie.

Secondo la dottrina dello Yoga, l'energia della Kundalini (energia sessuale) risiede in questo chakra: se la base è stabile l'energia può ascendere attraverso gli altri chakra accelerando così lo sviluppo della personalità.

- Come detto, il Primo Chakra è il principale generatore del sistema energetico umano ed è connesso con tutte le cose solide che esistono sulla terra, in primo luogo il corpo e la soddisfazione dei bisogni essenziali.

I soggetti focalizzati in Muladhara sono persone molto forti e resistenti, dotate di un temperamento concreto, orientato alla semplice soddisfazione dei bisogni materiali: hanno una mente lenta e limitata, ma efficace per tutto ciò che concerne il rapporto con oggetti materiali o la capacità di sopravvivere e il compito di procurarsi il necessario.
Solitamente scelgono lavori in cui sia necessaria molta forza muscolare, o relativi alla produzione d'oggetti solidi e resistenti, oppure lavori ripetitivi.
Nei casi in cui il Chakra sia abbastanza equilibrato si rivelano anche persone molto costanti, con pochissima fantasia e un grande attaccamento alle tradizioni, alle abitudini familiari e al luogo di nascita.

- Chakra in stato di leggerezza.
  E' la condizione illuminata del Chakra, in cui le capacità di concretezza, che sono proprie di questo centro, sono messe al servizio di un'idea e di uno scopo. Soggetti dotati di una pazienza quasi infinita.

Si sviluppa anche una giusta attenzione per il corpo e la sua salute.

- Chakra in stato dinamico.
  E' contrassegnato da una grande energia che è applicata nel lavoro e nella produzione di oggetti, nel costruire e nell'accumulare beni materiali.
  Istinto per la caccia e la lotta.
  Se c'è un forte eccesso di Rajas darà luogo a un'azione finalizzata all'accumulo, difficoltà nelle relazioni per eccessivo attaccamento e meschinità, agire dispersivo e senza costrutto, impulsi fortemente distruttivi.

- Chakra in stato di pesantezza.
  La pesantezza è la qualità dell'energia che naturalmente domina questo Chakra.
  Se per sovrappiù si sviluppa un'ulteriore eccesso di Tamas, si viene a creare uno stato d'inerzia, ottusità, pigrizia, sonnolenza, brutalità e incoscienza.
  L'alimentazione, il movimento aerobico, la pratica regolare di Asana e Pranayama, oltre a stimoli mentali positivi, sono la via maestra per uscire da questa condizione pericolosa e oscura, che può bloccare l'evoluzione e spingere l'individuo verso livelli di coscienza molto bassi e degenerati.

Come attivare il 1° chakra

- Per armonizzare il primo chakra si deve tener allenato il corpo e praticare costantemente attività fisica: palestra, lunghe camminate, andare a correre.
- Acquisire consapevolezza dei piedi e delle gambe facendo delle passeggiate nei boschi o in montagna e applicando dei getti di acqua fredda alle cosce.
- Cercate il legame con la terra, restando il più possibile immersi nella natura e lavorare quanto più è possibile in giardino.
- Concedersi ogni giorno un breve massaggio nelle zone riflesso logiche dei piedi.
- La vocale "U" stimola il primo chakra: sedere con la schiena eretta, inspirare attraverso il naso e far risuonare espirando la "U", eseguendo tale esercizio per 5 minuti.
- Utilizzare le pietre collegate.

Colore del primo chakra

L'energia dei colori agisce sui chakra a livello di vestiti indossati, di cibo ingerito e di presenza nell'ambiente in cui viviamo: imparare a conoscerli e a usarli ci aiuta a ritrovare l'armonia psico-fisica in modo rispettoso e non invasivo.

La cromoterapia ha effetto sul cervello mediante l'ipotalamo, che regola e controlla le ghiandole endocrine, e, dunque, anche i centri energetici dell'uomo, associati al sistema nervoso autonomo e alla regolazione degli ormoni.

Lo spettro dei sette colori dell'arcobaleno, ovvero della luce riflessa attraverso un prisma, corrisponde a quello della scala dei sette chakra, dal più basso al più alto.

- Il Rosso è il colore del primo chakra.

Indossare capi di abbigliamento rossi o usare tessuti rossi nella propria abitazione, mettere rose rosse sulla vostra tavola: colori complementari sono il nero, il grigio e il marrone.

- Il Rosso è il colore della terra, del sangue, della fisicità: l'arcobaleno inizia il suo spettro con il colore rosso.

La parola rosso in latino, è indicata con i termini "rutilus e ruber" che concettualmente significano "sangue e vita": il rosso è il simbolo del corpo, della materia.

Questo è un colore che rimane fermo su se stesso, non irraggia né fuori né dentro di sé: chi sceglie questo colore, nella forma luce, denota sicurezza, fiducia in se stesso, armonia con il proprio corpo, gioia.
Nella forma ombra denota la necessità di essere gratificati, la sopravvalutazione di se stessi, si è infantili.

- Questo è il colore dell'amore ma anche della guerra e della morte, è un grande attivatore di energia.

Nell'alchimia rappresenta il sole, l'uomo, lo zolfo e l'oro, per gli indiani d'America indica la fertilità, la vita, mentre gli antichi egizi lo usavano per proteggersi dal fuoco.
Oggigiorno abbiamo gli estintori e gli automezzi dei pompieri di colore rosso, nell'antichità i guerrieri e i cacciatori usavano dipingersi e decorarsi il corpo con il colore rosso, che per loro significava forza e protezione.
Una tintura naturale per il tingere i tessuti è estratta dalla radice di robbia: questo colore si ricavava da molluschi (murici), l'operazione era lunga e costosa per questo nell'antichità, il rosso rappresentava il potere e la ricchezza (la Porpora).
In principio era usato esclusivamente dai religiosi, in seguito venne usato anche dai sovrani: il rosso rappresenta una condizione fisiologica di stimolo ed eccitazione.

- I suoi effetti sulla psiche sono di forte energia fisica, l'energia del rosso agisce sulla sessualità e sull'istinto di sopravvivenza.

Come cibi preferire cibi colorati di rosso (mele e barbabietole), spezie piccanti (peperoncino rosso, pepe di caienna, tabasco), verdure di terra (patate e carote), proteine animali (carne rossa e uova).

Oli essenziali associati al primo chakra

Sandalo, Patchouli, Legno di Cedro, Incenso, Salvia, Vetiver, Chiodi di Garofano, Zenzero, Benzoino.

- Miscelare ogni singolo olio essenziale con un olio vettore, ad esempio, olio di jojoba o di mandorle, nel rapporto di 2 gocce per cucchiaio di olio vettore, quindi, 2 gocce ogni 10 ml di vettore.

Essendo questo un "trattamento vibrazionale", una miscela molto diluita avrà un'azione più profonda e marcata.
Massaggiare il chakra su cui si vuole lavorare con la miscela contenente l'olio essenziale scelto: utilizzare poche gocce e applicarle lentamente con la punta delle dita, con un movimento circolare in senso orario. Nel caso di questo primo chakra, si può massaggiare la pianta del piede o la punta del coccige.

- Mentre si massaggia il Chakra, focalizzarsi sul risultato che si vuole ottenere, visualizzando l'energia armonica dell'olio mentre apre e riequilibra il chakra.

Dopo il trattamento rimanere distesi e rilassati per un po', permettendo al Chakra di riequilibrarsi: respirare profondamente e lentamente, cercando di liberare e svuotare la mente il più possibile.

In alternativa al massaggio, aggiungere qualche goccia dell'olio essenziale scelto per il trattamento al diffusore di essenze.

Concentrarsi e focalizzarsi sulla propria intenzione terapeutica, visualizzare l'energia aromaterapica dell'olio essenziale, aprire e riequilibrare il chakra: rilassarsi per almeno una mezzora.

Sandalo

Da 4.000 anni l'aroma dell'olio essenziale di sandalo è apprezzato, tanto da essere tradizionalmente usato nelle scuole di Yoga tantrico per aiutare a risvegliare Kundalini, l'energia sessuale.

- Una delle proprietà dell'olio di sandalo è che migliora nel tempo, cioè matura note particolari che lo rendono ancora più piacevole.

Purtroppo, l'uso sconsiderato di questi alberi per la vasta produzione di oli sia a scopo curativo sia per la produzione di saponi e profumi, ha provocato una drastica diminuzione del numero di esemplari che ora vengono monitorati per evitarne la scomparsa.

- A livello fisico il sandalo è uno degli oli essenziali più delicati per la pelle: non irrita, ristabilisce la giusta idratazione e cicatrizza le piccole ferite.

Per le sue proprietà antisettiche e decongestionanti è un toccasana per i problemi delle vie respiratorie.

1. Parte utilizzata: legno e radici.
2. Metodo di estrazione: distillazione in corrente di vapore.
3. Nota di Base: profumo legnoso, dolce, balsamico, intenso.

- **Afrodisiaco**

Trasforma l'energia sessuale, elevandola sul piano spirituale, riduce l'aggressività e gli istinti violenti, allenta l'esasperazione e libera l'energia sessuale bloccata.
- I disturbi sessuali legati a stati depressivi vengono spesso risolti grazie all'uso di questo olio.

Esso è, tuttavia, più adatto a persone attive, che non a soggetti flemmatici: sebbene sia considerato da sempre un segnale potente e preciso dell'eros maschile, l'olio essenziale di sandalo emana una forza morbida e calda che avvolge uomini e donne con uguali benefici effetti.
Agisce equilibrando la sessualità con lo spirito, promuovendo l'integrazione del sacro con il profano: per tale motivo viene impiegato nelle scuole di tantra yoga per trasformare le energie sessuali in energie spirituali.
Non è, dunque, un afrodisiaco diretto, in quanto la sua azione è prevalentemente di tipo meditativo e rivolta verso l'interiorità: è indicato ai soggetti che vivono la sessualità in modo superficiale.

- **Armonizzante**

L'olio essenziale di sandalo riequilibra tutto il sistema energetico dei chakra calmando e facilitando lo sviluppo spirituale: il suo pregio particolare consiste nel fatto che riesce a calmare il lavorio mentale, che spesso distrae chi medita.

Placando la parte razionale della mente, le consente di entrare negli stadi più profondi di meditazione.
- Questo è consigliabile quando ci si prepara a sostenere una seduta di guarigione e nell'autoguarigione.

Trasmette apertura di spirito, calore e comprensione, riduce lo stress, calma l'aggressività, l'agitazione e la paura, indicato in caso d'insonnia.
Sostiene chi pratica lo yoga contro ansia e depressione, per ritrovare la serenità.

- **Bagno rilassante**

10 gocce di olio essenziale nell'acqua del bagno donano una piacevole sensazione di relax.
- Rimanere immersi per almeno 15 minuti.

Alcuni genitori stimano molto il profumo dell'olio essenziale di sandalo diluito in un olio di base oppure nella vasca da bagno nel caso di problemi con bambini iperattivi, caparbi, oppure, per tranquillizzare gli adolescenti ribelli.

- **Doccia**

Mettere 3-4 gocce su un guanto di spugna bagnato e massaggiare delicatamente tutto il corpo.

- **Controindicazioni**

L'olio essenziale di sandalo non irrita, non da sensibilizzazione e non è tossico.
Tuttavia, é bene prestare attenzione a non utilizzarlo in caso di patologie renali gravi e per periodi non superiori alle 6 settimane.
- Controindicato in gravidanza e allattamento.

Al momento dell'acquisto è richiesta particolare cautela in quanto è spesso "tagliato" con essenze di qualità inferiore, come, ad esempio, l'olio essenziale di sandalo australiano.

Patchouli

Il profumo del patchouli evoca il rifugio dei boschi profondi e umidi, suscitando in chi lo inala, il sentimento d'intimità con se stesso.
Ha un'azione tonificante e stimolante, utile in caso di depressione e di torpore mentale, mentre risulta calmante e rilassante in caso di ansia e stress.

- In aromaterapia è indicato ai giovani, che trovano difficoltà a identificarsi con il proprio corpo e permette a coloro che vivono in una dimensione esaltata di esperienze mentali e psichiche, di rimanere con i piedi per terra.

In queste sue proprietà risiede la spiegazione del fascino che ha sempre avuto sulle nuove generazioni, che hanno tutte in comune due attributi della fase adolescenziale e pre-adulta: la prepotenza fisica dello slancio ormonale e le grandi aspirazioni idealistiche.

- Il Patchouli permette di conciliarli armoniosamente.

L'olio essenziale di patchouli non è solo l'aroma della gioventù, ma svolge benefici effetti antidepressivi anche sugli adulti che, a causa della loro vita sociale e professionale, devono controllare le loro pulsioni fisiche, e soffrono di esaurimento psico-fisico, stress, ansia o di disturbi sessuali.

- Su queste persone esercita un'azione euforizzante, perché induce la ghiandola pituitaria a produrre endorfina, l'ormone del benessere.

Per calmare gli stati ansiosi, mettere 12 gocce di olio essenziale di Patchouli in 200 ml di acqua: con una pezzuola fare impacchi sulla fronte e sulle tempie.

- Bagnarsi anche i polsi e stendersi al buio, cambiando gli impacchi di tanto in tanto.

Mettere anche qualche goccia di questa essenza nell'apposito bruciatore ponendolo nella camera in cui ci si corica.

Come afrodisiaco, induce la ghiandola pituitaria a produrre endorfina (euforizzante) utile a chi non riesce a lasciarsi andare (frigidità) o ha un calo della libido: aumenta la concentrazione e le energie.

1. Parte utilizzata: foglie.
2. Metodo di estrazione: distillazione in corrente di vapore.
3. Nota di base: profumo intenso e persistente, terreo, aspro, dolce e speziato.

- **Afrodisiaco**

Induce la ghiandola pituitaria a produrre endorfina (euforizzante) utile a chi non riesce a lasciarsi andare (frigidità) o ha un calo della libido: aumenta la concentrazione e le energie.

- **Bagno rilassante**

Mettere 10 gocce nell'acqua della vasca: immergersi per 10 minuti, contro gli stati ansia e di stress.
Quando usciremo dalla vasca, i benefici effetti del patchouli saranno visibili anche a livello cutaneo: la pelle apparirà più tonica e luminosa.

- **Cicatrizzante**

Nell'olio da massaggio svolge un'azione riparatrice nei confronti del tessuto cutaneo, contrastando la formazione di smagliature e rughe: utile in caso di pelle secca, stanca e invecchiata, e nei disturbi come dermatiti, acne, screpolature e bruciature.

- **Controindicazioni**

Controindicato per uso interno, in gravidanza e allattamento.
Alle dosi consigliate, non presenta controindicazioni.
Non somministrare ai bambini.

Legno di cedro

Sin dall'antichità, è sempre stato un albero molto ricercato per il suo pregiatissimo legname, ricco di olio essenziale, utilizzato ampiamente per costruire le abitazioni, perché l'aroma che si sprigionava fungeva da repellente per gli insetti.
In Egitto era utilizzato, insieme ad altri oli essenziali, durante il rito per l'imbalsamazione, per bloccare i processi di putrefazione e per preservare i papiri dalla distruzione dei parassiti.

- L'olio, estratto per distillazione in corrente di vapore dalla corteccia o segatura del cedro rosso, è stato forse il primo olio a essere estratto.

Il tempio di Re Salomone fu edificato con i famosi cedri del Libano, oggi molto rari, e anche gli Indiani d'America lo conoscevano e lo consideravano sacro: lo bruciavano, inalandone i fumi, perché liberava le cavità, rilassava la laringe e calmava l'anima.
L'olio essenziale è un liquido di colore giallo pallido-arancio, con un profumo dolce e molto intenso, simile a quello della canfora con una nota legnosa, morbida e balsamica.

- L'olio essenziale di legno di cedro favorisce il radicamento a terra, aiuta riequilibrare il primo chakra e permette di "centrarsi" su se stessi, donando coraggio, energia, dignità e favorendo l'autostima.

Particolarmente utile nei momenti di grandi cambiamenti da gestire, come trasferimenti, traslochi, cambio di lavoro, oppure all'inizio di un nuovo rapporto di coppia, in quanto aiuta a non destabilizzarsi troppo e a non perdere l'obiettivo.

L'albero del cedro, maestoso, pieno di forza e vigore se inalato, favorisce le stesse qualità: rende stabili e determinate le persone volubili, immature e poco determinate, aiuta a ottenere il rispetto dagli altri, e a convincere senza contrasti.

1. Parte utilizzata: legno del tronco e dei rami.
2. Metodo di estrazione: distillazione in corrente di vapore.
3. Nota di base: profumo caldo, intenso, balsamico, legnoso, dolce.

- **Controindicazioni**

L'uso interno è sconsigliato.

L'essenza di legno di cedro è controindicata per i bambini, in gravidanza e allattamento.

Non può assolutamente essere ingerito, pena disturbi al tratto digestivo, nausea e vomito.

Incenso

Gli Egizi avevano introdotto l'incenso nelle loro pratiche di fumigazione e per uso cosmetico: maschere di ringiovanimento e per la preparazione del kohl, una sorta di kajal per il trucco degli occhi.
Gli Ebrei lo conobbero durante la loro permanenza lungo le coste del Mar Rosso e lo inserirono nelle loro pratiche religiose: collegato alla nascita di Gesù, portatogli in dono dai Re Magi.

- Anche tra i popoli Arabi l'incenso veniva largamente impiegato e ne costituiva ricchezza di scambio.

L'olio essenziale di Incenso più pregiato cresce a 700 metri di altitudine e viene dal Dhofar (Yemen).
L'albero viene inciso nella corteccia, da questa esce un liquido lattiginoso che, a contatto con l'aria, si addensa e si colora di colore marrone, arancio, giallo, bianco, gocce di luna, con dei chicchi grandi quasi come una noce.
I chicchi vengono selezionati dalle donne che separano i delicati dal colore chiaro di luna, questi danno l'incenso di qualità migliore.

- **Aromaterapia**

Viene utilizzato come sedativo per alleviare il nervosismo, l'ansia, l'umore nero, dona coraggio e fiducia: si può utilizzare nel diffusore per le meditazioni.

Tonico e riequilibrante del sistema nervoso centrale, seda forme ansiose, agitazioni da stress, pensieri ossessivi, paure: predispone, infatti, alla calma, alla meditazione e alla preghiera.

- Contro tristezza e stati d'animo negativi, diffondere nell'ambiente 3 o 4 gocce di olio essenziale: in alternativa, fare un bagno caldo diffondendo in acqua 5 o 6 gocce di essenza.

Per rilassarsi a fondo sarà di grande utilità praticare un leggero massaggio su fronte e tempie con 2-3 gocce di olio essenziale di incenso diluite in un cucchiaio di olio vegetale.

1. Parte utilizzata: gommaresina.
2. Metodo di estrazione: distillazione in corrente di vapore.
3. Nota di base: profumo dolce, balsamico.

Il suo profumo è particolarmente indicato per la meditazione in quanto ha la proprietà di congiungere la materia al mondo sottile dello spirito: é il purificatore per eccellenza, stimola l'attività mentale e calma i sentimenti tormentati.

- **Bagno**

Versare 5 o 6 gocce di olio essenziale nella vasca da bagno, aggiungere alcune gocce di eucalipt e stare a bagno per almeno 10/15 minuti.

In presenza di malattie da raffreddamento o influenza con tosse persistente, all'acqua calda per il bagno si aggiungeranno 6 gocce di olio essenziale di incenso e 6 di cipresso miscelate in un cucchiaio di miele integrale.

- **Controindicazioni**

Non sono segnalate contro indicazioni particolari, fatta eccezione per l'uso interno, come per tutti gli oli essenziali che devono essere adoperati con cautela e sempre veicolati: ad esempio, il miele è un ottimo vettore di oli essenziali.
Una curiosità, invece, legata all'aroma dell'incenso: pare che smorzi il desiderio sessuale, forse incompatibile con la sua forte valenza spirituale.

Salvia

Nell'antichità, era considerata una pianta sacra: il suo nome deriva dal latino, salvere, da cui "salvare", perché creduta benefica per qualsiasi male.

Nel Medioevo si usava mettere qualche foglia, ricca di olio essenziale, in bocca, prima di andare a dormire, per favorire sogni divinatori o risolutivi di problemi.

Infatti, uno dei nomi con cui era definita la salvia anticamente era "occhio chiaro".

- Si supponeva, infatti, che rinforzasse la vista e lo sguardo interiore: che aiutasse a "vedere" più chiaramente.

Il suo utilizzo nella tradizione popolare era circoscritto a problemi digestivi, disturbi femminili e di origine nervosa, quali l'ansia, gli attacchi di panico e l'insonnia, oltre che come disinfettante delle ulcerazioni e per calmare le infiammazioni delle vie respiratorie e della gola.

1. Parte utilizzata: sommità fiorite e foglie.
2. Metodo di estrazione: distillazione in corrente di vapore.
3. Nota di cuore: profumo dolce, erbaceo, aromatico.

- **Rilassante**

Se inalato, induce calma e serenità in presenza di stress, nervosismo, angoscia, paure e paranoie.

- Ottimo supporto per superare le crisi di mezza età e la menopausa, per le persone che non osano più, i rassegnati, che si sentono "troppo vecchi" e vivono in uno stato di depressione.

Agisce a livello emozionale, sulla nostra creatività permettendoci espressioni e "licenze poetiche" degne di artisti nati: inoltre, infonde coraggio per realizzare progetti creativi o sostenere gli esami.
In caso di stati depressivi, assumere due volte al giorno una goccia di olio essenziale di salvia sclarea e uno di menta piperita in un cucchiaino di miele (o una zolletta di zucchero).

- **Depurativo**

Assunto in 2 gocce in un cucchiaino di miele, ha proprietà disintossicanti su fegato e reni, utile anche per trattare febbri intermittenti causate da infezioni intestinali, intossicazioni e diarrea.

- **Cicatrizzante**

Sulla pelle ha un'azione antinfiammatoria, antimicrobica e ripara il tessuto cutaneo. È indicato in caso di afte, dermatiti, piaghe, punture d'insetto, ulcere della pelle, acne, infezioni fungine come micosi e candidosi.

- **Diffusione ambientale**

Una goccia di olio essenziale di salvia per ogni mq dell'ambiente in cui si diffonde, mediante bruciatore di oli essenziali, o negli umidificatori dei termosifoni.

- **Controindicazioni**

Contrariamente alla varietà "officinale" non irrita, non dà sensibilizzazione e non è tossico, ma preso in dosi elevate causa sonnolenza, paralisi e convulsioni.
- E' controindicato in gravidanza e allattamento.

Se ne sconsiglia l'uso in concomitanza con medicinali o sostanze a base di ferro e a non associarla all'assunzione di bevande alcoliche, in quanto può potenziare gli effetti dell'alcool.

Vetiver

La fragranza dell'olio essenziale di vetiver è tanto energetica quanto rilassante, e ha effetti sedativi, tonificanti e afrodisiaci. In aromaterapia, per le sue molteplici proprietà, questa essenza viene consigliata per il trattamento dei disturbi più diversi.

Grazie alla sua azione sedativa, l'olio essenziale di vetiver contrasta il nervosismo e la tensione, ed è ottimo per distendere il corpo e la mente con un bagno o un massaggio rilassante, così come nel trattamento dell'insonnia.

- La contemporanea azione calmante ed energizzante lo rende molto efficace negli stati ansiosi e depressivi, e per contrastare la stanchezza psicologica.

L'attività tonificante dell'olio essenziale di vetiver fortifica il nostro organismo, soprattutto il sistema immunitario, stimola la circolazione ed è efficace nel contrastare i processi degenerativi.

Le radici di Vetiver sono un antico rimedio utilizzato nella tradizione ayurvedica per alleviare il mal di testa e abbassare la febbre.

In Oriente, le radici venivano utilizzate per la creazione di canestri e stuoie e poi spruzzate di acqua in modo tale che nei giorni di grande calura emanassero l'aroma di vetiver, dalle proprietà insettifughe.

- L'olio essenziale di vetiver si ottiene per distillazione in corrente di vapore delle radici della pianta essiccate.

Oltre a essere usato da solo, l'olio essenziale di vetiver può venire combinato con altri oli: si sposa particolarmente bene con le essenze di lavanda, achillea, rosa e salvia, ma anche con altre note di base quali patchouli e sandalo.

1. Parte utilizzata: le radici essiccate.
2. Metodo di estrazione: distillazione in corrente di vapore.
3. Nota di base: profumo dolce-amaro, legnoso, terroso: questa essenza mostra una certa viscosità e una colorazione ambrata, e titilla l'olfatto con la sua dolce e fresca fragranza esotica, dai toni terrosi, legnosi e leggermente affumicati, che richiama l'odore del sottobosco.

- **Diffusione ambientale**

Aggiungere nel diffusore una goccia di olio essenziale di vetiver per metro quadrato di superficie dell'ambiente: ciò renderà la nostra casa piacevolmente profumata, regalandoci aria purificata e contrastando tensione e nervosismo.

- **Bagno rilassante**

Per cancellare ansia e stress, diluire 15 gocce di olio essenziale di vetiver nella vasca.

Per un effetto ancor più rilassante, immediatamente dopo il bagno, praticare un leggero massaggio sulle tempie e sulla fronte con 2 gocce di olio essenziale di vetiver diluite in un cucchiaio di olio di mandorle.

- **Doccia**

Mettere 3-4 gocce su un guanto di spugna bagnato e massaggiare delicatamente tutto il corpo.

- **Per massaggio**

2 gocce di olio essenziale da miscelare a una pomata all'arnica da applicare per lenire dolori articolari e muscolari.
In alternativa, 3 gocce di Vetiver da aggiungere a un cucchiaio di olio di Sesamo da massaggiare sulle zone dolenti, o sull'addome per facilitare la digestione.

- **Controindicazioni**

Da assumere solo esternamente.
L'olio essenziale non deve essere utilizzato puro direttamente sulla pelle o sulle mucose, perché potrebbe provocare irritazioni.
Controindicato durante gravidanza e l'allattamento, e nell'infanzia.

Garofano

Dal momento che si tratta di un ottimo stimolante di calore, l'olio essenziale di chiodi di garofano è noto anche per via della sua capacità di stimolare la circolazione sanguigna e quella di aiutare a combattere la sensazione di spossatezza.
I boccioli dei suo fiori essiccati sono i "chiodi di garofano" largamente usati in cucina.

- Per distillazione dei chiodi di garofano si ottiene l'olio essenziale.

Dopo tale processo, si otterrà un liquido di colore giallo paglierino e dal profumo fortemente aromatico.
I chiodi di garofano erano un rimedio largamente diffuso in Oriente per le loro virtù digestive, toniche, antisettiche antiinfiammatorie.
In Cina era uso masticarne un po'per disinfettare il cavo orale e purificare l'alito.
Nel IV-V secolo arrivò anche in Occidente, al cospetto del Papa e venne introdotto il rito della benedizione dei chiodi di garofano il 24 giugno in concomitanza del solstizio d'estate e nella giornata di San Giovanni Battista, poi distribuiti ai fedeli in sacchettini bianchi per promuovere la salute fisica e spirituale.

- I garofani ben curati danno il primo raccolto dopo 5 anni, altrimenti ne possono trascorrere anche 8-10.

Il raccolto aumenta con il passare del tempo, la pianta rimane produttiva per molti anni, alcune piante danno ancora un ottimo raccolto all'età di 100 anni.

1. Parte utilizzata: fiori, foglie, steli.
2. Metodo di estrazione: distillazione ad acqua e in corrente di vapore.
3. Nota di cuore: profumo caldo, speziato.

- **Aromaterapia**

L'olio essenziale di chiodi di garofano dona energia e vigore, coraggio e dinamismo: utile nella depressione cronica e in momenti di maggior sconforto.
Aumenta la resistenza allo stress, stimola la reazione, agisce sul sistema nervoso centrale, migliora le prestazioni intellettuali: inoltre, é da considerarsi un forte attivatore energetico in quanto stimola il pensiero positivo e induce all'ottimismo, è una vera e propria iniezione di vitalità.

- L'olio essenziale di chiodi di garofano è un grande afrodisiaco, dalle qualità calde e suadenti, in grado di aprire ogni uno di noi alla sensualità e al rapporto con il partner.

Carica fortemente di energia qualunque ambiente liberandolo da infestazioni microbiche e negative.
Il risultato è un contesto piacevole in cui ci si sente avvolti e protetti e dove le nostre barriere razionali si abbassano per lasciare posto all'istintività.

- **Tonico**

Esplica un'azione stimolante attraverso il suo aroma forte, intenso e speziato.
Contrasta la stanchezza mentale, la sonnolenza, la difficoltà di concentrazione: inoltre, è corroborante, riscalda, e infonde una piacevole sensazione di benessere ed energia.

- **Massaggio**

1-2 gocce di olio essenziale in un cucchiaio di olio vegetale da massaggiare sulla pancia in caso di spasmi intestinali, o sulla muscolatura dolente.
Esplica un piacevole calore che penetra in profondità a sciogliere le tensioni.

- **Controindicazioni**

L'alta componente di fenoli nell'olio essenziale di chiodi di garofano, può causare un effetto irritante su cute e mucose a bassi dosaggi ed epatotossicità a dosaggi più elevati.
E' sconsigliato l'uso in caso di dermatiti, infiammazioni gastriche e intestinali.
Da evitare in gravidanza e durante l'allattamento.

Zenzero

Il piccante e saporito zenzero ci regala l'olio essenziale di zenzero: tonificante e afrodisiaco, con benefiche azioni su tutto l'organismo.
Conosciuto per le sue numerose proprietà, è utile in caso di nausea, ansia, mal di testa e raffreddore.
L'olio essenziale di zenzero è visto anche come un ottimo rimedio naturale contro la cellulite.

- Lo zenzero viene utilizzato in Oriente da millenni, sia per aromatizzare e insaporire i cibi, sia come rimedio medicamentoso per svariati disturbi.

In Thailandia vengono applicate compresse e impacchi di radice di zenzero, pestata e mescolata con altre erbe, per gli stati dolorosi articolari e muscolari molto frequenti negli ambienti della Muay Thai, l'arte della boxe tailandese.
Lo zenzero è anche impiegato per il suo potere dinamizzante ed energizzante, in tutte le condizioni di debolezza ed esaurimento fisico.
Nella Medicina Tradizionale Cinese la radice è chiamata gan-jiang ed è considerata un efficace tonico Yang, impiegato proprio per rafforzare le energie maschili, del fuoco e della vitalità, per curare l'impotenza maschile e l'astenia.

- Nella medicina Ayurvedica, è collegato all'elemento Fuoco, legato alla funzionalità della milza.

Ancora oggi, in molti paesi asiatici, si usa il rizoma fresco negli stati di affaticamento, per alleviare il mal di denti, i dolori reumatici, il raffreddore, la malaria e tutti quelli che sono definiti "stati umidi", quali la diarrea o l'eccesso di muco. Nell'Occidente antico, Greci e Romani importavano lo zenzero dalla zona del Mar Rosso e ne conoscevano le importanti proprietà medicinali, oltre a usarlo come spezia.

Infine, nel Medioevo la leggendaria Ildegarda badessa di Bingen, mistica ed erborista dell'XI° secolo, consigliava di macerarlo nel vino e farne impacchi per i disturbi agli occhi o di bere un bicchiere di vino allo zenzero addolcito con il miele per favorire la vitalità nei convalescenti e negli anziani.

1. Parte utilizzata: rizoma decorticato ed essiccato.
2. Metodo di estrazione: distillazione in corrente di vapore.
3. Nota di base: profumo caldo, speziato, pungente.

- **Tonificante sull'intero organismo**

Se inalato, riequilibra le energie che non sono in armonia: aiuta a svegliare e scaldare i sensi sopiti, migliora la concentrazione e la capacità di discernimento.

A livello aromaterapico, l'essenza dello zenzero agisce contro la stanchezza, la debolezza e l'esaurimento nervoso, donando coraggio e aiutando a reagire, eliminando confusione e disperazione.

Stimola l'apertura verso l'esterno, generando nuovi interessi. A livello mentale, favorisce la concentrazione e aiuta a sciogliere i nodi psicologici.
E' un'essenza che dona energia e vitalità.

- **Diffusione ambientale**

Una goccia di olio essenziale di zenzero per ogni mq dell'ambiente in cui si diffonde, mediante bruciatore di oli essenziali o negli umidificatori dei termosifoni.

- **Olio per massaggi**

In 200 ml di olio di mandorle dolci mettere 40 gocce, massaggiare 2-3 volte al giorno la zona dolorante, oppure il ventre in caso di digestione lenta, in presenza di gas intestinali e diarrea.

- **Controindicazioni**

Nessuna controindicazione.
- L'olio essenziale di zenzero è fotosensibile e, in caso di applicazione cutanea, è sconsigliata l'esposizione al sole nelle 12 ore seguenti.

Inoltre, dato che promuove il rilascio della bile, l'olio essenziale di zenzero non è consigliato a coloro che soffrono di calcoli biliari.
Si consiglia di non impiegarlo per ridurre la nausea in gravidanza e puro sulla pelle.

Benzoino

Conosciuto per le sue proprietà tonificanti, balsamiche e antiossidanti, è utile contro ansia, eczemi e raffreddore.
Originario del Sud-Est asiatico, in particolare le zone a clima tropicale come il Laos, Vietnam, Cambogia, Cina, Tailandia, Sumatra e Giava.

- La medicina popolare orientale ne faceva uso già migliaia di anni fa, in particolare per le sue proprietà antisettiche.

Secondo una leggenda indonesiana, sarebbe nato da una giovane donna, trasformata in albero per aiutare la sua famiglia nella più grande miseria, permettendole di arricchirsi grazie a ripetuti salassi.
Chiamato anche incenso di Giava, o Storace, nel XV secolo, vista la sua rarità e il suo prezzo elevatissimo, veniva inviato in dono dai sultani arabi ai dogi veneziani.
Nel 1461, Pasquale Malipero, famoso speziale di Venezia, fu uno dei primi a utilizzarlo nei preparati medicinali e cosmetici.

- Tramite una mannaia detta anche "parang", a partire dal mese di maggio, fino ad agosto, vengono praticate piccole ma profonde incisioni nella corteccia della pianta.

L'albero, che non possiede nessun sistema proprio di secrezione e che solitamente non produce resina, a causa di queste incisioni, per il trauma vissuto, produce un liquido di colore giallastro scuro, che a contatto dell'aria si solidifica in grani, detti "lacrime".

Solo quando questa sostanza sarà ben indurita, si potrà procedere alla raccolta del benzoino tramite appositi strumenti.

- In questo modo la produzione di resina resta costante per svariati anni.

Ne esistono due qualità diverse:
1. Benzoino del Siam: con lacrime fragili e spigolose, è la varietà più preziosa: di colore giallastro con sfumature più ambrate e odore finissimo.
2. Benzoino di Sumatra: più grigiastro e dall'aspetto zuccheroso, meno pregiato, il cui aroma è meno pungente e penetrante, e le lacrime sono grossolane, grigio-rossastre o a forma di mandorla.

Il benzoino è un miorilassante molto efficace: riesce ad allentare la tensione muscolare, agendo anche a livello psicologico, rilassa mentalmente, allontana lo stress, e, quindi, si consiglia il suo uso esterno per massaggi più o meno diffusi sul corpo e nella preparazione di bagni aromatici rilassanti.

- Il suo effetto balsamico aiuta nelle malattie da raffreddamento, quindi, è anche un buon espettorante.

Il benzoino ha anche incredibile proprietà antiossidanti naturali, tanto che riesce a rallentare il processo che porta le creme a guastarsi.

Allo stesso tempo, unito ad alcuni profumi, riesce con la sua nota volatilità, e fermare la diffusione troppo rapida degli aromi nell'aria, permettendo al profumo stesso combinato, di durare più a lungo nel tempo.

1. Parte utilizzata: resina.
2. Metodo di estrazione: estrazione in solvente.
3. Nota di Base: odore caldo, balsamico, intenso, leggermente vanigliato.

- **Tonificante**

Se inalato, svolge un effetto avvolgente, sensuale, equilibrante ed energizzante: aiuta a recuperare le energie psicofisiche in caso di esaurimento o convalescenza; allevia gli stati d'ansia e la depressione.

- **Bagno tonificante**

10 gocce nell'acqua della vasca, emulsionare agitando forte l'acqua, quindi immergersi per 10 minuti per stimolare l'irrorazione sanguigna, riscaldare il corpo e sciogliere, così, le tensioni.
Per prevenire l'influenza e curare i raffreddori al loro insorgere e per lenire i dolori a muscoli.

- **Controindicazioni**

L'essenza di benzoino non è tossica né irritante, ma può provocare effetti di sensibilizzazione.
Sconsigliata in gravidanza e allattamento.

Fiori Himalayani associati al primo chakra

I Fiori Himalayani influiscono direttamente nei vari livelli d'energia controllati dai Chakra, rimovendo i sentimenti negativi e stimolando quelli positivi.
I Fiori Himalayani sono stati individuati da Tanmaya nel 1990, durante una sua permanenza durata alcuni mesi in una valle Himalayana: le essenze non sono solo rimedi volti a lavorare su emozioni e stati interiori negativi, ma favoriscono anche processi di riequilibrio energetico e di sviluppo spirituale molto profondi, per portare alle luce qualità sepolte all' interno della persona.

- Possono essere assunti puri, da soli o diluiti insieme ai Fiori di Bach o ad altri Fiori.

Le prime preparazioni di Tanmaya riguardarono nove combinazioni, sette direttamente collegati ai plessi, meglio noti col nome indiano di chakra più un catalizzatore generale e un fiore particolarmente indicato per i bambini: successivamente, il loro numero si è moltiplicato con la scoperta di nuovi fiori, adatti a modulare emozioni specifiche.

- Sono Fiori con un effetto molto rapido e potente, a differenza dei Fiori di Bach, che sono tra i più lenti e delicati.

Questa potenza a volte è molto utile, altre volte può rappresentare un rischio di eccessiva azione.
Mentre i Fiori di Bach possono essere considerati rimedi principalmente emozionali, cioè volti al riequilibrio delle

emozioni umane, i Fiori Himalayani, proprio grazie alla natura del terreno sul quale crescono, si rivolgono essenzialmente alla dimensione spirituale dell'uomo, stimolando il bisogno di preghiera, di meditazione e di connessione con il divino che dimora in lui.

Le essenze floreali himalayane sono estratti liquidi che contengono l'energia del fiore da somministrare, generalmente, per via orale, inoltre possono essere usate nell'acqua del bagno, nebulizzate sul corpo o nell'ambiente, oppure unite all'olio per il massaggio.

Down To Earth

E' per tutte quelle persone che sentono di aver perduto la propria energia vitale, la voglia di fare, la gioia, gli stimoli fisici e psichici e che provano ansia per tutte le cose materiali, forti paure, esaurimento, che vorrebbero fare tante cose, ma che rimandano sempre.

- Quando c'è un blocco o un calo di energia nel primo chakra, si assiste a una diminuzione globale della vitalità della persona, che si sente stanca e affaticata, anche se non sta facendo grosse attività fisiche o mentali: altre volte faceva più cose eppure era meno stanca.

In tutto questo, la libido sessuale diminuisce, ci sono meno stimoli, si può manifestare parziale impotenza negli uomini e rifiuto ad avere rapporti sessuali nelle donne.
Si utilizza solitamente nei casi di morale a terra, depressione, ansia per l'esistenza materiale e la vita pratica, timori sottili o nascosti, sforzo, stasi e mancanza di spinta vitale, di gioia per la vita, di voglia di fare.

- Nei casi di ansia, può dare un senso di stabilità e concretezza, consentendo di procedere per piccoli passi e fare le cose una alla volta.

Ci abitua ad assecondare i ritmi naturali della vita, progredendo con facilità, non forzando i ritmi e i tempi.

Down to Earth permette di nuovo all'energia di scorrere attraverso il primo chakra, accresce l'energia sessuale, l'energia vitale, l'intimità con la Terra, la gioia di vivere.
Dopo pochi giorni di assunzione, l'energia torna a fluire liberamente, la stanchezza passa e si riescono a fare molte cose che prima sembravano difficili.
Aiuta quando la libido è bassa, potenzia l'aspetto sessuale e la capacità di vivere appieno le cose concrete.
Riduce l'ansia per le cose materiali, le paure sottili o nascoste, l'affaticamento psicofisico, la mancanza di stimoli: da evitare se gli stimoli sessuali sono già alti.

- La posologia di assunzione delle essenze, pure o diluite, e è di due gocce sotto la lingua più volte al giorno.

Capita spesso di affiancarlo ai seguenti fiori di Bach: Olive, Wild Rose, Honeysuckle, Hornbeam, Centaury, Agrimony, Clematis.

Fiori Californiani associati al primo chakra

I Fiori Californiani estendono i Fiori di Bach.
Richard Kats e Patricia Kaminski, fondatori della FES (Flower Essence Society), insieme al lavoro di altri ricercatori, hanno scoperto più di 150 fiori a partire dal 1979.
Lavorano su problematiche specifiche più moderne e attuali e che al tempo in cui Bach è vissuto non erano così preponderanti o non se ne parlava ancora come oggi: l'anoressia e la bulimia, i disturbi sessuali, le malattie derivate dall'inquinamento ambientale.

- E' possibile creare delle essenze composite unendo Fiori di Bach e Californiani, così come essenze di altri repertori floriterapici di altre parti del mondo.

I rimedi floreali californiani si preparano nello stesso, semplice modo dei fiori di Bach, ponendo le corolle di fiori selvatici in una ciotola di vetro piena d'acqua di sorgente e lasciandoli in infusione al sole per qualche ora: questo liquido, ricchissimo di forza vitale, viene poi filtrato, diluito in brandy e utilizzato per la preparazione delle cosiddette stock bottles (o concentrati).
La scelta delle essenze, come avviene per i fiori di Bach, é sempre personalizzata e in relazione allo stato d'animo e alle emozioni che si vogliono riequilibrare.

- Una volta scelto il rimedio, o i rimedi indicati per il problema personale, si versano due gocce di ciascuno in una boccettina con contagocce da 30 ml, riempita con acqua minerale naturale e due cucchiaini di brandy come conservante.

Il dosaggio è di 4 gocce 4 volte al giorno, per un periodi di alcune settimane o, comunque, fino al miglioramento o alla scomparsa dei sintomi.
Essendo una cura del tutto naturale e priva di tossicità, non presentano alcuna controindicazione, non provocano effetti collaterali, possono essere combinati senza problemi sia ai farmaci tradizionali sia a quelli omeopatici (di cui sono considerati complementari) o ad altri rimedi floriterapici.

California Pitcher

Per le persone che tendono a soffocare, disprezzare, rinnegare il proprio aspetto istintuale, legato alle energie fisiche, considerandolo pericoloso e negativo.

Altre persone, invece, si lasciano travolgere dagli impulsi istintuali e dissipano irragionevolmente molte energie, riducendo l'aspetto materiale della vita a una squallida fisicità.

In entrambi i casi, l'essenza floreale aiuta a integrare armonicamente le pulsioni fisiche con i valori spirituali, permettendo di vivere pienamente la dimensione propria dell'essere umano che è fisica, mentale e spirituale contemporaneamente.

- Quindi, questo rimedio può essere usato come armonizzatore delle energie dei propri tre piani quando si ha difficoltà a integrare le pulsioni animali presenti nell'uomo e c'è un'incapacità di esercitare su di esse il proprio controllo.

E' indicato per persone che sono incapaci di integrare la loro parte animale, come i desideri istintuali con il loro senso dell'individualità umana.

California Pitcher Plant aiuta a equilibrare le immense energie dell'astralità con il desiderio istintivo, in modo che queste energie possano rafforzare la vitalità fisica e nutrire la spiritualità umana.

Manzanita

Per accettare o ritrovare un buon rapporto con il proprio corpo fisico, ad esempio, durante la gravidanza, in pubertà, in menopausa.
Utile per le persone che hanno problematiche alimentari o per le donne che rifiutano le forme femminili o il proprio corpo.
La malattia interiore si manifesta con la sensazione che il corpo sia orribile e corrotto o che abbia poco valore intrinseco rispetto allo spirito.

- Il corpo viene spesso estremamente oggettivato, sfruttato o svuotato da regimi strettamente spirituali o ascetici.

Tali persone adottano restrizioni o rituali relativi al cibo, con tendenza alla bulimia o all'anoressia.
Questa visuale rigida spesso irrigidisce il corpo prematuramente e può essere causa di molte malattie, malgrado i "perfetti" regimi di salute.

- Manzanita aiuta l'individuo a raddolcire il suo rapporto con la materia e a dirigere la sua attenzione spirituale sul corpo, così l'individuo arriva a concepire il corpo come reliquiario o come tempio dello spirito.

Inoltre, Manzanita incoraggia a coinvolgersi con il mondo fisico, soprattutto con il corpo, e impartisce l'insegnamento che la materia è morta o inferiore solo quando non viene accettata dalla coscienza dell'individuo.

Mountain Pride

Stimola il coraggio per affrontare le sfide che ci troviamo davanti.
Per chi tende a vacillare e a tirarsi indietro quando si trova davanti alle sfide e non sa prendere posizione se crede in qualche cosa.

- E' un rimedio importante per chi cerca a tutti i costi la pace, ma in realtà non si rende conto di vivere passivamente, invece di agire attivamente per conseguire i propri obiettivi.

La capacità di agire in base al proprio concetto di verità è di enorme importanza: soprattutto nel mondo moderno, è di fondamentale urgenza che l'individuo apprenda a trasformare i sentimenti di insoddisfazione o di disillusione riguardo al mondo, in energia positiva per cambiare.
Mountain Pride conferisce all'individuo l'archetipo del guerriero spirituale, l'irradiazione del maschile positivo sia per gli individui maschi che femmine.

- Mountain Pride è un rimedio particolarmente importante per quelle persone che confondono la pace con la passività.

Tali individui devono imparare che l'azione positiva è un importante agente curativo, non soltanto per la forza personale e per lo sviluppo dell'animo, ma anche per una vera pace nel mondo.

Con Mountain Pride l'individuo impara a prendere una posizione nel mondo e per il mondo, allineando la propria identità personale con le forze della bontà e della verità.

Rosemary

Per persone che sono pallide, con la pressione bassa, introverse, fisicamente eteree con mani e piedi freddi: vivono molto nella testa e, quindi, non hanno radicamento con la terra, oppure hanno subito una violenza e rifiutano il proprio corpo.
- L'essenza floreale Rosemary è un rimedio forte, che provoca il risveglio e l'incarnazione: è indicato per quegli individui la cui incarnazione è debole o problematica, soprattutto quando le facoltà spirituali superiori o del pensiero non riescono ad agire adeguatamente tramite il veicolo fisico.

In particolare, le energie dell'individuo mancano di calorosità e di presenza pienamente incarnata.
- Letteralmente, ciò significa che le estremità fisiche del corpo sono spesso fredde e senza vitalità.

A livelli più profondi, questa mancanza di calore ha a che fare con il senso di insicurezza nel proprio corpo fisico: ciò a volte può essere attribuito a una disposizione karmica dell'individuo, che si sente ambivalente riguardo alla propria incarnazione, e ha imparato a usare le forze spirituali al di fuori del mondo materiale.
- Molto spesso questa malattia dell'animo è causata da un trauma subito nella prima infanzia, in cui l'abuso fisico e la tensione dell'ambiente hanno costretto l'individuo a uscire fuori dal proprio

corpo, cosicché non crede più nel suo legame con il mondo fisico.

Rosemary dà a queste persone la capacità di sentirsi a proprio agio e sicuri nel proprio corpo fisico.
Con queste forze rinnovate, la fiamma dello spirito arde con più splendore nel corpo e dona la propria luce e la propria coscienza al mondo fisico.

Fiori Australiani associati al primo chakra

I Fiori Australiani Bush sono a oggi 69, più 19 Essenze create dalla combinazione di Fiori Australiani, e sono stati introdotti da Ian White, biologo e psicologo australiano.
Non sono ancora molto conosciuti e utilizzati in Italia dal grande pubblico, ma sono molto apprezzati dai Floriterapeuti e troviamo Fiori Australiani inseriti in molti complessi fitopreparati e omeopatici.

- Sono tra i fiori più potenti e di largo impiego dopo i Fiori di Bach, hanno un'energia molto elevata, una delle più alte tra i rimedi floreali.

La dose, sia per gli adulti sia per i bambini, consiste in 7 gocce da assumere due volte al giorno, mattina e sera, sotto la lingua, o in un po' d'acqua.

- Le essenze dovrebbero essere assunte per circa 20 giorni o un mese, eccezion fatta per essenze particolarmente potenti.

Essendo una cura del tutto naturale e priva di tossicità, non presentano alcuna controindicazione, non provocano effetti collaterali, possono essere combinati senza problemi sia ai farmaci tradizionali sia a quelli omeopatici, di cui sono considerati complementari, o ad altri rimedi floriterapici.
Si può preparare un solo rimedio, la cui azione sarà allora particolarmente "mirata", profonda e veloce, oppure miscelare tra loro rimedi diversi.

- In questo caso é consigliabile non superare le 4 o 5 essenze e, se possibile, cercare di scegliere fiori dalle proprietà tra loro affini e sinergiche per trattare un problema specifico.

I fiori australiani sono molto efficaci anche in applicazione cutanea e possono essere aggiunti a creme, gel, oli per il massaggio, pomate medicate oppure diluiti nell'acqua del bagno.
- Per un trattamento topico la quantità consigliata è di circa 7 gocce di ciascun rimedio scelto, da amalgamare in mezza tazzina di crema.
- Nella vasca da bagno vanno, invece, versate 15–20 gocce di ogni essenza.

La durata del trattamento dipende sempre dalla risposta individuale.
Spesso si ottiene una reazione positiva in circa due settimane e mediamente due mesi sono sufficienti per riequilibrare numerose problematiche psicofisiche.
Alcuni fiori particolarmente "potenti", come, ad esempio, Waratah, esercitano di solito un'azione molto rapida, anche in pochi giorni. Molte volte, dopo aver risolto un disagio o un conflitto interiore, possono emergere altri squilibri emozionali, che andranno via via trattati con i fiori corrispondenti.

Macrocarpa

E' un rimedio per l'energia, la vitalità e la resistenza fisica per persone esaurite, stanche e depresse: rinnova l'entusiasmo, la vitalità e l'energia.
Ottimo tonico per chi ha bisogno di "tirarsi su", può essere preso in un momento di grande stress fisico, quando è necessaria la resistenza, o quando si è raggiunta una meta difficile e si è talmente esausti da non riuscire a godersi il successo.
- Ottimo per le persone in convalescenza.

E' importante non perdere di vista il fatto che questo esaurimento non è solo fisico, ma anche mentale, perché non solamente la persona non può fare, ma neanche riesce a pensare.
Il Macrocarpa si caratterizza per la poca resistenza, la mancanza di forza e vitalità e la vulnerabilità tanto nel loro sistema immunitario come in quelli difensivi psichici che li lasciano con un basso livello di autoprotezione.
Normalmente accumulano dentro loro una forte energia emozionale negativa, del disfattismo e una tendenza a trascurare la cura della propria persona, come se avessero rinunciato inconsciamente a continuare.
- Hanno una grande difficoltà a mettersi un limite, ma si sforzano ed eccedono oltre le loro possibilità.

Credono a 60 anni di avere la stessa energia dei 20, ma non conoscono, o non vogliono essere coscienti, dei loro limiti, e arrivano a situazioni di stress senza capire gli stimoli che stanno nel loro interno.

Waratah

E' il rimedio che aiuta ad avere coraggio o ad alzarne il livello.
- Il fiore dona tenacia, fiducia, capacità di adattamento e di sopravvivenza.

Nello stato emozionale Waratah, l'individuo si trova in una situazione che vive come disperata e in cui, in forma reale o immaginaria, è in gioco la sua sopravvivenza.
- La persona sente di avere la mancanza di capacità o di coraggio per affrontarla e risolvere la crisi nella quale si sente intrappolato.

La pressione delle circostanze in cui si trova gli fa che perdere la visione di insieme delle cose o avere una percezione confusa e torbida, come se ci fosse un velo che gli impedisce di vedere con chiarezza.
Nello stesso tempo c'è incertezza, instabilità e si è propensi a reagire in maniera inadeguata davanti agli stimoli esterni.
- Questo rimedio si usa in situazioni di crisi, catastrofi, traumi, panico, angoscia, isteria, perdita del controllo.

E' un utile rimedio, quindi, per superare blocchi emozionali, grandi sfide, per affrontare stati di esaurimento con la sensazione di non riuscire ad andare avanti o essere condannato per la vita: inoltre, è un utile

rimedio per persone con idee, condotte o tendenze suicida.
Date le condizioni trattate con questo rimedio, è necessario che esso agisca molto rapidamente.

Fiori di Bach associati al primo chakra

I fiori di Bach sono una medicina alternativa ideata dal medico britannico Edward Bach, nato il 24 settembre 1886 a Moseley da una famiglia Gallese in Inghilterra.
Si laureò in medicina nel 1912 e da subito lavorò al pronto soccorso dell'ospedale universitario, dove iniziò a farsi notare per la gran quantità di tempo che dedicava ai pazienti.
Fu subito critico nei confronti degli altri medici, in quanto studiavano la malattia come se fosse separata dall'individuo, senza concentrarsi sui malati stessi.

- E' risaputo che i nostri stati emotivi hanno una profonda influenza sul nostro benessere e sulla nostra salute: uno stato emotivo alterato che si ripete ogni giorno crea delle vere e proprie disfunzioni del nostro organismo.

Il 90% delle cause delle malattie dell'uomo proviene da piani che si trovano al di là di quello fisico, ed è su questi piani che i sintomi cominciano a manifestarsi, prima che il corpo fisico mostri qualche disturbo.

- Se riusciamo a individuare gli stati d'animo negativi che affiorano quando ci ammaliamo, possiamo combattere meglio la malattia e guarire più in fretta.

Usando i rimedi floreali si tenta di influire sulle strutture più profonde, dalle quali la malattia ha origine.
I Fiori di Bach riequilibrano le emozioni: si rivolgono solo ed esclusivamente a come reagiamo emotivamente

alle vicissitudini, alle esperienze e ai problemi nelle nostre giornate.

Donano una grande serenità e pace, coraggio o forza, aiutano a sentirci nel pieno delle nostre possibilità.
- Possono essere utili a fronte di una malattia, non dal punto di visto fisico ma proprio come sostegno dell'umore.

La persona è vista come un individuo completo, dove le emozioni sono un punto cardine, e non solo come corpo fisico con dei sintomi: bisogna, quindi, analizzare lo stato emozionale e non i sintomi fisici, in base a questo si trovano i rimedi adatti.
Infatti, soggetti con identici problemi fisici, reagiscano e vivono con emozioni e sentimenti differenti.
- I fiori di Bach non hanno controindicazioni e non interagiscono con i farmaci.

Bach ha così suddiviso i 38 fiori dai quali si traggono i rimedi.
I primissimi fiori scoperti da Bach furono i cosiddetti "12 Guaritori", che il medico gallese iniziò prontamente a sperimentare prima su se stesso e poi sui suoi pazienti: gli altri 26 vennero scoperti poco tempo dopo, divisi in "7 Aiuti" e "19 Assistenti".
- Il Dr Bach abbandonò in seguito la distinzione tra "Guaritori", "Aiutanti" e "Assistenti" ritenendola superflua, ma molte persone nel mondo continuano a utilizzarla ugualmente.

I Fiori di Bach non aiutano a reprimere gli atteggiamenti negativi, ma li trasformano nel loro lato positivo.
I Fiori di Bach associati al primo chakra lo sono solo a titolo generale, perché i fiori vanno, comunque, scelti basandosi sull'emozione non in armonia che va equilibrata.

Aspen

Appartiene alla categoria degli "Assistenti".

Chi ha bisogno di questo fiore è una persona molto sensibile alle energie negative, solitamente trasmesse dall'esterno.

- Sono persone terrorizzate da qualcosa che potrebbe accadere, ma non riescono a individuare esattamente cosa.

Queste paure di origine oscura le ossessionano giorno e notte e non riescono nemmeno a parlarne con altri: non riescono a razionalizzare cosa le impauriscono, provocando apprensione, inquietudini e angoscia.
I fantasmi le perseguitano senza permettere mai a queste persone di rilassarsi.

- Sintomi: Paure vaghe e imprecisate.
  La vita di chi ha paure di origine ignota è diretta da forze oscure e sconosciute, sulle quali non si ha nessun controllo: la persona vive in angoscia perenne, a volte addirittura terrificante, e non riesce ad adattarsi alla realtà, offuscata dai fantasmi di questa ossessione paurosa.

- Stato d'animo: Paura.
  Aspen è per tutte le paure indefinite e vaghe: quella del buio, della magia, dei mostri.

Adatto per tutte le persone che hanno una particolare sensibilità.

- Obiettivo: Capacità di capire l'ignoto e accettarlo.

Il rimedio floreale ferma subito la fantasia generata della paura, rasserena la persona donandole ottimismo, le fa comprendere che la paura era solo frutto della mente.
Con Aspen la propria sensibilità diventa fonte di sicurezza, si aumenta il proprio coraggio.

Beech

Appartiene alla categoria degli "Assistenti".

Chi ha bisogno di questo fiore è una persona intollerante e ipercritica, non riesce a trovare nulla di buono nella sua vita, inoltre, nota difetti in tutto e in tutti, al punto tale che nessuno e niente va mai bene, ritrovandosi così molto soli: la sua capacità di osservazione è al di sopra della norma trovando negatività in ogni cosa che lo circonda, non gli sfugge nulla.
D'altro canto, non sono in grado di vedere alcun difetto in sé.

- Sintomi: Eccessivo senso critico.
  La valutazione di fatti, persone e cose è portata all'esasperazione: dal punto di vista del "criticone" nulla potrà mai andare bene.
  Intolleranza: la mancanza di tolleranza non ammette che gli altri possano avere un'opinione diversa: l'intollerante è chiuso in una rigida e risentita ostilità verso gli altri.
- Stato d'animo: Cura eccessiva per gli altri.
- Obiettivo: Indulgenza e tolleranza.

Il rimedio floreale calma il desiderio di criticare e aumenta il livello di tolleranza: con Beech si accettano i punti di vista e i gusti altrui con facilità e comprensione.

Chestnut Bud

Appartiene alla categoria degli "Assistenti".

Chi ha bisogno di questo fiore impiega più tempo degli altri per imparare le lezioni della vita.
La persona con questa indole si entusiasma facilmente per qualsiasi novità o per un nuovo progetto, ma non porta a termine quasi mai nessuna idea o desiderio, lascia sempre tutto a metà: infatti, inizia un lavoro e a metà percorso si blocca e ne inizia subito un altro.
Questo atteggiamento lo si nota anche nelle piccole cose, come, ad esempio, libri iniziati e mai terminati, ripetendo sempre gli stessi errori.

- Sintomi: Mancanza di capacità di osservazione.
  Mancanza di quella attenzione necessaria intesa all'ottenimento di una visione completa e dettagliata per formulare un giudizio o intraprendere qualcosa.
  Ripetizione degli stessi errori: si ripetono gli stessi errori per superficialità, per non aver imparato dalle esperienze precedenti.
- Stato d'animo: Insufficiente interesse per il presente.
- Obiettivo: Attenzione e riflessione, comprendere gli errori e imparare dall'esperienza propria e altrui.

Con Chestnut Bud ogni occasione di vita diventa una fonte di apprendimento e crescita: si è liberi dai vecchi schemi limitanti.

Chicory

Appartiene alla categoria dei "Guaritori".

Chi ha bisogno di questo fiore è una persona che dedica le sue forze mentali e fisiche verso i bisogni delle persone che ama, esercitando un certo controllo.
Di solito la persona con questa indole si riconosce facilmente perché ha sempre qualcosa da aggiustare alla persona cara: il colletto della camicia, i capelli, il trucco.
Inoltre, dà consigli sull'abbigliamento, sul partner, sulle amicizie, e chiede che sia ricambiata, come se fosse un lavoro, una catena di montaggio io do a te, tu dai a me.

- Sono persone che si curano degli altri a tal punto da risultare invadenti.

Trovano sempre qualcosa che non va bene e vogliono risistemarlo come dicono e vogliono loro: classico personaggio del manipolatore interessato che, probabilmente, non accetterà facilmente questa definizione.
E, spesso, gli viene da pensare: dopo tutto quello che ho fatto, guarda come mi tratta.

- Sintomi: Essere possessivi, tendenza a dominare e sopraffare gli altri nei rapporti affettivi.
  Eccessiva cura per gli altri, ingerenza e invadenza negli affari degli altri, sia essa richiesta o meno.
  Auto compatimento, compassione per se stessi.

- Stato d'animo: Cura eccessiva per gli altri.

- Obiettivo: Dare senza chiedere nulla in cambio, rispetto per la libertà degli altri.

Il rimedio floreale li aiuterà a capire che ognuno ha un proprio destino da seguire e che non è necessario manipolare: inoltre, imparerà a donare amore, senza pretendere nulla in cambio.
Con Chicory si comprendono le vere qualità dell'amore: si dà protezione e sicurezza agli altri in completa autonomia.

Crab apple

Appartiene alla categoria degli "Assistenti".

Chi ha bisogno di questo fiore è una persona che crede di non essere del tutto pulita, come se volesse cacciare via dal suo corpo qualche veleno, un male che si è ormai generato, oppure che pensa di avere. Adatto anche per tutti coloro che non si accettano.

- Le sensazioni provate si possono trasformare in vere e proprie fobie: fobia per un qualunque rapporto fisico, anche una semplice stretta di mano, fobia per la pulizia, fobia per gli insetti.

Con Crab Apple è più facile accettarsi per quello che si è, valutando maggiormente i nostri aspetti positivi senza rimanere ancorati al solo aspetto fisico.

- Sintomi: Sensazione di impurità e sporco.
  La sensazione di sporco non è solamente di carattere fisico, ma anche mentale: il sentirsi sporco, come avere un qualcosa in sé di non definito, indegno, che può essere motivo di disgusto o di repulsione.
  Vergogna: è un profondo e amaro turbamento quando ci si rende conto di aver agito, pensato o di avere in sé qualcosa di riprovevole e disonorevole.

- Stato d'animo: Scoraggiamento, disperazione.

- Obiettivo: Purezza interiore, equilibrio e accettazione di sé.

Il rimedio floreale aiuta ad attenuare le fobie riguardanti lo "sporco" e il contatto con le cose che non appartengono al proprio ambiente domestico: svanirà la paura che si possa mettere in pericolo la propria salute e si riuscirà a stare a contatto anche con persone "apparentemente" poco pulite.

Elm

Persone che sono normalmente forti, capaci di seguire la propria vocazione, possono attraversare periodi di stanchezza e depressione e provare una sensazione di impotenza e incapacità di fronte a impegni al di là delle loro reali possibilità.

- Insicurezza temporanea, scoraggiamento per le troppe responsabilità, non ci si sente più all'altezza della situazione, stanchezza.

Così facendo, si verificano dei veri e propri crolli energetici con conseguenti forti mal di testa, vertigini, sensazione di sbandamento, sudorazione e, in casi estremi, si verificano attacchi di panico o svenimenti.
Terminata la riserva energetica, dunque, si crolla.

- Sintomi: Inadeguatezza agli impegni.
  Se ci si scontra con un problema e non si riesce a superarlo, può insorgere una sensazione di incapacità e non sentirsi all'altezza della situazione, ma esistono problemi che sono oggettivamente al di là delle proprie capacità.
  Temporaneo scoraggiamento: è uno stato d'animo che insorge di fronte all'inutilità di sforzi intrapresi e agli insuccessi.

- Stato d'animo: Scoraggiamento, disperazione.

- Obiettivo: Fiducia in se stessi, accettazione dei propri limiti.

Elm è particolarmente adatto proprio quando ci sente troppo pressati dalle situazioni, o dalle responsabilità, e si pensa che siano davvero troppe.
Il rimedio floreale dona subito energia, fa ritornare la fiducia in e stessi nei momenti di stress eccessivo, consente di non lasciarsi abbattere dai grandi obiettivi da raggiungere.

Mustard

Appartiene alla categoria degli "Assistenti".

Chi ha bisogno di questo fiore è una persona che trascorre momenti della vita in malinconia o in totale disperazione senza un apparente motivo: si isola da tutti perché gli è difficile nascondere questo stato d'animo.
Di solito trascorre la vita con molta serietà e a volte non vive l'emozione perché ha paura di soffrire: in questo modo crea un blocco emozionale.
E' come se in quel momento, cioè quando si verifica l'evento brutto, non sente la sofferenza perché prende la vita per come viene.

- Sintomi: Malinconia.
  E' uno stato d'animo di vaga tristezza, accompagnato da sentimenti di inquietudine e delusione: depressione, riduzione dell'attività, rallentamento dei gesti, in uno sforzo di economia vitale.
- Stato d'animo: Insufficiente interesse per il presente.
- Obiettivo: Gioia di vivere e serenità interiore.

Con Mustard si riscoprono i valori della serenità e si accettano i cambiamenti con la sicurezza di raggiungere la meta.
Il rimedio floreale agisce da subito, la persona ritrova la serenità e dopo non riesce a dare una spiegazione di cosa sia successo.

Olive

Appartiene alla categoria degli "Aiuti".

Chi ha bisogno di questo fiore è una persona sfinita, senza energie né fisiche né mentali, a ogni minimo sforzo, anche quello più banale, si stanca, come lavare i denti, pettinarsi, vestirsi, leggere un libro, fare una passeggiata, insomma tutto diventa una difficoltà insormontabile.
La persona è assente e senza desideri, di tanto in tanto si accende una luce di voglia di fare, ma subito perde le speranze perché, soprattutto, l'energia fisica viene meno.

- Sintomi: Esaurimento, stato generale che indica un abnorme affaticamento.
- Stato d'animo: Insufficiente interesse per il presente.
- Obiettivo: Gioia di vivere e serenità interiore.

Olive apporta l'energia sufficiente per recuperare tutto il recuperabile.
Olive ridona energia in modo incredibile.

Rock water

Appartiene alla categoria degli "Aiuti".

- E' l'unico rimedio di Bach che non sia un fiore.

Deve essere acqua proveniente da fonte non contaminata, posta tra piante e campi e aperta alla luce del sole.
Chi ha bisogno di questo fiore è una persona molto rigorosa nel suo modo di vivere, si nega molti divertimenti e piaceri della vita, rispettando regole dure e rigide.
Pensa soprattutto alla salute, vuole essere forte, attiva, e fa di tutto per rimanere così, vuole essere un buon esempio per gli altri.
E' il fanatico di se stesso, non si concede piaceri e si attiene con forza, determinazione e soprattutto rigidità ai propri ideali.

- Sintomi: Rigidità mentale, eccessiva severità e inflessibilità di fronte a regole di vita: scarsa duttilità intellettuale e morale. Eccessiva esigenza con se stessi, pretendere troppo da sé.
- Intolleranza; il non saper accettare le azioni e le parole altrui, insofferenza dettata da una visione eccessivamente personale.
- Stato d'animo: Cure eccessive per gli altri.
- Obiettivo: Tolleranza, e imparare a divertirsi.

Il rimedio Rock Water non impedisce alle persone di avere alti ideali e di cercare di raggiungerli, ma aiuta a limitare gli eccessi, ad avere una maggior elasticità e a non essere così intransigenti con se stessi.

Willow

Appartiene alla categoria degli "Assistenti".

Chi ha bisogno di questo fiore è una persona che ha subìto un'ingiustizia, è amareggiata per qualche evento brutto accaduto o qualche progetto non andato a buon fine.
La persona diventa sospettosa e amareggiata, pensa di aver ricevuto un torto dalla vita che non riesce a superare, ma così facendo le reazioni sono tante come ingoiare rabbia, covare il senso della vendetta, provare amarezza, rancore, accumulare nervosismo, il tutto senza mai riuscire a sfogarsi in qualche modo.
Non ci si sente sufficientemente ricompensati e amati dalla vita, nonostante gli sforzi: si pensa che gli altri siano stati maggiormente ripagati di ciò che hanno fatto.

- Sintomi.
  Incapacità di rassegnarsi alle avversità: qualsiasi intoppo è visto come un'avversità e la sensazione di essere trattati ingiustamente dalla vita diventa certezza.
- Risentimento.
  E' un atteggiamento di avversione e animosità, come reazione della propria sensibilità o suscettibilità, a un comportamento o azione altrui o a un fatto esterno ritenuto ingiusto.
- Stato d'animo.
  Scoraggiamento, disperazione.

- Obiettivo.
  Ottimismo di fronte alle avversità e animo positivo.

Con Willow si è gli artefici della propria fortuna, ci si sente protetti e aiutati nel raggiungere i giusti meriti.

Numero del primo chakra

Il numero collegato al primo chakra è il quattro, come i quattro petali del loto che lo rappresenta.
Questo numero racchiude l'essenza stessa di Muladhara.

- Simboleggia la stabilità, l'esistenza terrena, la realtà fisica e la manifestazione universale.

Quattro sono le direzioni, le fasi della vita dell'uomo, le fasi lunari.
Il numero 4 è il più perfetto tra i numeri essendo la radice degli altri numeri e di tutte le cose.

- Esso rappresenta la prima potenza matematica, e la virtù generatrice da cui derivano tutte le combinazioni.

Il numero 4 è l'emblema del moto e dell'infinito, rappresentando sia il corporeo, il sensibile, sia l'incorporeo.

- Il Quattro è scomponibile in 1 + 3, la monade (l'uno) e il Triangolo, e simboleggia l'Eterno, e l'uomo che porta in sé il principio divino.

Il quaternario era il simbolo usato da Pitagora per comunicare ai discepoli l'ineffabile nome di Dio, che per esso significava l'origine di tutto ciò che esiste.
È nel quaternario che si trova la prima figura solida, simbolo universale dell'immortalità, ovvero la Piramide.

Il Quattro è considerato dalla simbologia il numero della realtà e della concretezza, dei solidi così come delle leggi fisiche, della logica e della ragione.

Il Quattro come manifestazione di ciò che è concreto, immutabile e permanente ha la sua espressione geometrica nel Quadrato, che ben rende tutte le sue caratteristiche.

E' il numero della materia: i 4 elementi fuoco, acqua, terra, aria, della concretezza, dell'ordine, dell'orientamento, la croce cosmica riunisce i punti solari dell'orizzonte, nord, sud, est, ovest.

Il Quattro comanda gli elementi della terra.

Differentemente dai numeri Uno, Due e Tre, il Quattro, agendo sul livello pratico, ci educa a usare le nostre attitudini per poter realizzare ed esprimere ciò che in noi è più manifesto e solido.

- La persona caratterizzata dal numero Quattro è regolare, abitudinaria, responsabile, tradizionalista, intelligente e riservata, tenace, non perde mai il controllo di sé.

Se perde la libertà diventa egocentrico, aggressivo, materiale, limitato nel giudizio, poco aperto alle novità, scettico, pesante, rigido, malinconico.

Il numero Quattro è la rappresentazione del senso pratico, della concretezza, e della costruttività delle idee intesa in senso tangibile. Se si è sotto l'influenza del Quattro si è spinti ad agire nella consapevolezza di appartenere e operare in un mondo materiale.

Chi è caratterizzato dal Quattro tende a vivere la quotidianità e a coinvolgere in modo attivo altre persone in contesti sociali ben definiti.

Il Quattro è in genere conservatore e stimola a essere responsabili verso cicli della natura e ad avere rispetto per le tradizioni.

Ha successo come scienziato della terra, imprenditore immobiliare, avvocato, amministratore, impiegato d'ufficio, operaio, artigiano.

Affinità con altri numeri:
- Discreta: 1, 2, 6 e 8.
- Ottima: 4, 7 e 9.

Possiamo associare a ogni numero un pianeta, un segno zodiacale e un elemento fondamentale della vita sulla Terra.

Per il Numero 4 abbiamo:
- Segno Luna
- Pianeta Cancro
- Elemento Acqua

Il numero 4 rappresenta lo sforzo, la rinuncia, la stabilità, la capacità di portare a termine quello che ci si prefigge: non sta mai sugli allori, niente gli viene facile, ma ha una grandissima forza di volontà.

Chi è contraddistinto dal numero 4 è una persona spesso legata alla sicurezze della casa, degli affetti e della materia, concreta, pragmatica, affidabile: va ricercata soddisfazione nelle piccole cose della vita.

- L'archetipo del numero 4 è il Costruttore.
- Il suo Numero Ombra è il Prigioniero.

Il Prigioniero rappresenta il lato ombra del Costruttore e contraddistingue individui pratici e volitivi, che tuttavia nella loro identificazione con l'Archetipo, oscillano tra le opposte tendenze di lealtà e determinazione, pigrizia e intolleranza.

- La sfida: sviluppare fiducia nell'esistenza.

Il fulcro di questa sfida è incentrato sul bisogno del soggetto di creare attorno a sé stabilità e sicurezza, senza, tuttavia, barricarsi all'interno di schemi mentali rigidi e obsoleti.

- Ciò che il Prigioniero deve riconoscere è il suo bisogno di realizzare nella sua vita una solidità che gli dona sicurezza ma non dovrebbe fossilizzarsi in schemi mentali rigidi.

Il numero 4 è collegato alle necessità materiali della vita ma la sua Ombra ne fa un bisogno maniacale, vive nell'ansia di non avere mai abbastanza per vivere e non assapora mai e mai è grato degli obiettivi raggiunti.

- Tende a esagerare qualsiasi problema che per lui diventa una tragedia, sia un problema di salute o economico, si tratti del lavoro o della famiglia.

Inoltre, odia i cambiamenti, qualsiasi variazione gli genera apprensione e per questo rischia di rimanere prigioniero, in situazioni che non hanno più prospettive di sviluppo o in rapporti ormai spenti e consunti.

Il problema di base sono le sue radici famigliari che non hanno saputo infondergli la necessaria sicurezza interiore e che possono risalgono all'infanzia.

Diventare consapevole dei propri comportamenti e di quanto si discostino dai meccanismi insiti nella vita, dove il fluire con essa nella sua mutevolezza è vita e l'immobilismo è non vita, può essere d'aiuto a liberare il prigioniero dai limiti che si è autoimposto.

Il radicamento e la meditazione possono essere ottime pratiche di guarigione ma come in tutti i casi la presa di coscienza di se stessi è la base di partenza.

Esercizi fisici

- **Esercizio 1**

Rilassate il corpo, scuotete le braccia e le gambe, sedete sul pavimento con la schiena eretta e quindi effettuate per alcuni minuti la respirazione alternata, in pratica chiudete una delle narici con la mano opposta (narice destra e mano sinistra e viceversa), inspirate dolcemente l'aria, chiudete anche l'altra narice trattenendo il respiro, aprite l'altra narice chiudendo la prima con la mano opposta ed espirate.
Chiudete ancora tutte e due le narici e trattenete il respiro a polmoni vuoti per poi ricominciare il ciclo.

- **Esercizio 2**

Assumete la posizione del quadrupede ed eseguite per 7 volte l'esercizio "groppa del cavallo/schiena arcuata del gatto".

- **Esercizio 3**

Aprite le gambe per una larghezza pari a quella delle spalle, le dita dei piedi leggermente rivolte in fuori. Da questa posizione accovacciatevi lentamente con cautela mantenendo sempre dritta la colonna vertebrale.
Portate sulle ginocchia la parte superiore delle braccia tenendole rilassate, cercando sempre di far aderire le piante dei piedi completamente a terra.

Non forzate il limite della vostra estensione.
All'inizio è sufficiente che le natiche si trovino all'altezza delle ginocchia.
Inspirate ed espirate in questa posizione per 7 volte.
Portate leggermente verso l'alto lo sfintere ogni volta che inspirate, rilassatelo ogni volta che espirate, poi tornate lentamente in posizione.

- **Esercizio 4**

Sedete a gambe incrociate con la schiena dritta.
Poggiate il dorso delle mani sulle ginocchia e formate un cerchio con pollice e indice di ciascuna delle mani, tenendo le altre dita distese e rilassate.
Inspirate profondamente attraverso il naso e ogni volta che espirate fate risuonare il mantra "lam", poi inspirate nuovamente attraverso il naso.
Ripetere il tutto per 7 volte e durante l'esercizio concentratevi sul primo chakra.

- **Esercizio 5**

Sdraiatevi in posizione supina e chiudete gli occhi.
Percepite come la terra vi sorregge.
Posate le mani sul basso ventre (nella regione inguinale) con i pollici all'altezza del pube e le altre dita rivolte verso il basso.
Inspirando visualizzate l'energia vitale da voi assorbita, espirando profondamente fate scorrere l'energia nel chakra radice.

Durante l'esercizio immaginate che un caldo flusso luminoso di colore rosso fluisca dalle vostra mani al basso ventre, create nella vostra mente l'immagine della tenue luce che scorre in tutti il basso ventre.
Durante la visualizzazione inspirate ed espirate per almeno 7 volte, infine, poggiate le mani al suolo.

- **Esercizio 6**

Questo esercizio allunga i muscoli posteriori della coscia nella parte posteriore delle gambe e può aiutare a sbloccare il primo chakra, aumentando la flessibilità delle gambe.
I muscoli contratti denotano senso di insicurezza e di instabilità che può portare a nervosismo, ansia e paura.
Mantenere i muscoli addominali attivamente impegnati per tutto il tempo per contribuire a sostenere la zona lombare. Mantenere questa posizione per 20 a 30 secondi, poi lentamente tornare alla posizione eretta.

- **Esercizio 7**

Divaricate bene le gambe, mettendo i piedi nella posizione che vi offre la maggiore stabilità.

Piegate le ginocchia più che potete (col tempo dovrete riuscire ad abbassarvi tanto che le natiche arrivino all'altezza delle ginocchia).

Tornate in posizione eretta, poi abbassatevi di nuovo.

Ripetete questo movimento diverse volte.

Ora aggiungete un ulteriore movimento: buttate in avanti il bacino con decisione, poi spingetelo indietro.

Enfatizzate il movimento in avanti.

Eseguite il doppio movimento tre volte mentre vi piegate sulle ginocchia.

Rimanete con le ginocchia piegate e ripetete altre tre volte, e infine tre volte ancora mentre tornate in posizione eretta.

La parte più importante di questo esercizio è costituita dai movimenti del bacino mentre avete le gambe piegate.

Ripetete l'esercizio completo almeno tre volte.

Pietre consigliate per il 1° Chakra

In cristalloterapia si considerano pietre del 1° Chakra quelle di colore rosso, nero o, comunque, di colore scuro, di qualsiasi tipo di lucentezza o trasparenza.
Le pietre associate al primo chakra sono potenti strumenti per promuovere equilibrio e radicamento: queste pietre aiutano a stabilizzare l'energia del chakra della radice e a rafforzare la nostra connessione con la terra.

- Le zone di posizionamento delle pietre sono: centro dell'osso pubico, gambe, ginocchia e piedi.

I cristalli che possono riequilibrare il primo chakra sono Ematite, Corallo, Diaspro rosso, Ossidiana, Onice Nero, Pirite, Rubino, Tormalina, Granato.
Utilizzare queste pietre durante la meditazione, portarle come gioielli o tenerle vicino, può significativamente migliorare l'equilibrio del chakra della radice, favorendo una sensazione di sicurezza e stabilità.

- Non bisogna acquistarle tutte, basta scegliete le pietre che si preferiscono o delle quali si è già in possesso.

Ematite

"Pietra del dominio mentale".

L'ematite, deve il suo nome alla parola greca "haimatites" che significa "simile al sangue", dato che l'acqua utilizzata durante la lavorazione del minerale di ematite diventa di un colore rosso sangue.
Usanza presso le legioni Romane, era quella di schiacciare l'ematite e strofinare la polvere sui corpi, credendo che questo avrebbe dato coraggio, forza e invulnerabilità in battaglia.

- E' un'ottima pietra di radicamento, rafforza il corpo e migliora la resistenza alle sollecitazioni emotive: si tratta di una potente pietra che aiuta a sopportare le prove e le vicissitudini della vita.

Ha un effetto principalmente fisico e immediato e, successivamente, mentale e spirituale.
Rinforza la memoria e l'attenzione e dissolve lo stato mentale di confusione e indecisione.

- Dà sicurezza e incrementa l'autostima.

Portarla con sé, in tasca o in un sacchetto in fibra naturale appeso al collo: indossarla come pietra montata in collane, bracciali o ciondoli.
Non è consigliabile dormirci insieme, in quanto conferisce vitalità e potrebbe impedire il rilassamento necessario per addormentarsi.

Ottima durante momenti di meditazione e trattamenti reiki.

- Si può farla aderire con un cerotto alla pelle in corrispondenza del 1° chakra.

Può stimolare l'assorbimento di ferro e migliorare l'apporto di ossigeno al corpo, normalizzando la pressione sanguigna e il peso corporeo.

Usata insieme con la tormalina nera e la shungite, l'ematite protegge contro lo stress geopatico e smog elettromagnetico, oltre che da negatività, da attacchi psichici e da magia rituale, rimandando al mittente ciò che aveva inviato.

E' ricostituente e stimola la circolazione del sangue aiutando anche la filtrazione-purificazione dei reni.

Aiuta a guarire le anemie, le emorragie e facilita la cicatrizzazione, lenisce i dolori articolari e i crampi alle gambe, combatte gli ascessi, le bruciature, le vene varicose, gli stati di stress.

Corallo

"Amore e armonia".

Il Corallo, come si sa, non fa parte del mondo minerale: il Corallo, infatti, è costituito da comunità di piccoli polipi che formano, alla base del proprio corpo molle, uno scheletro di carbonato di calcio con funzione protettiva e di sostegno.

- Da tempi immemori l'uomo è alla ricerca di questa gemma marina in quanto simbolo di bellezza e fonte di energie rigeneranti.

Il corallo, in particolare quello rosso, viene associato a questo Chakra perché si crede che possa aiutare a stabilizzare l'energia del corpo e ad aumentare il senso di sicurezza e stabilità interiore.

Esiste nelle variante nero, rosa, rosso, bianco, azzurro.
In particolare:

- Il Corallo Rosso è indicato per la colonna vertebrale, l'ernia del disco, l'osteoporosi, blocchi articolari, stimola la costituzione del sangue, rinforza i muscoli, attiva la tiroide e il metabolismo, combatte il torcicollo.
- Il Corallo Rosa infonde buonumore, regolarizza le funzioni del pancreas e del fegato, la milza, il timo, il sistema linfatico.

- Il Corallo Bianco e/o Azzurro è utile per i problemi relativi ai tessuti nervosi e cerebrali e come ricostituente delle ossa (bianco).
- Il Corallo Nero stimola un'essenziale diffidenza in chi è troppo ingenuo nei confronti del prossimo, aiuta quando ci si sente traditi o sfruttati, aumenta la capacità di attenzione e l'apprendimento.

Il corallo è ideale per chi ha perso lo stimolo dell'attrazione sessuale o non riesce a trasformare in azione fisica il desiderio: attiva la potenza sessuale, vince l'impotenza e la sterilità.

- Inoltre, fortifica il sistema osseo.

Stimola il ritmo interiore e l'energia vitale, elimina gli squilibri energetici dovuti a stati d'animo negativi, favorisce l'attività mentale, dona serenità e pace interiore.
Associato al Turchese dà una protezione ancora più potente, poiché insieme, simboleggiano i quattro Elementi: aria, acqua, terra, fuoco.
Stimola lo scambio energetico, facendo fluire energia nuova (Prana) al posto della vecchia.

Diaspro Rosso

"Il Supremo Nutritore".

Il Diaspro, in tutte le sue varianti, è una pietra unica che rimuove tutta l'energia negativa presente nel corpo umano.
- Il Diaspro Rosso è la varietà più potente.

Altamente apprezzata dagli sciamani come una sacra e potente pietra di protezione e messa a terra.
Secondo la Bibbia, il Diaspro Rosso è stato un dono diretto di Dio e sarebbe la prima pietra della Nuova Gerusalemme.
Sostiene la persona che lo indossa e la supporta durante i periodi di maggiore stress, portando un senso di tranquillità e completezza.
E' anche una pietra di profonda equità e giustizia personali, rafforzando le responsabilità, le scelte migliori per la nostra evoluzione e la compassione.
Può avere un effetto stabilizzante, e può aiutare a ritrovare tutta la propria energia e ci aiuta a utilizzarla in modo più equilibrato.
- Il Diaspro Rosso aiuta in tutte le aree di sopravvivenza critica, e naturalmente, è un'ottima pietra di protezione.

Il diaspro rosso è emopoietico e ricostituente (formazione del sangue), intervenendo anche nella riossigenazione del sangue, agendo nei disturbi neurovegetativi e del metabolismo.

Ossidiana

"La Protettrice".

L'ossidiana è un vetro vulcanico che si forma in seguito al rapido raffreddamento della lava: si trova in vari posti del mondo e in altrettante tipologie, oltre che in diversi colori.

- Tra le molteplici tonalità, esiste la pietra color arcobaleno, dall'aspetto variopinto con presenza di verde, viola, marrone e blu.

L'ossidiana deve il suo termine dal latino "obsidianus," dal nome dell'esploratore romano "Obsius" che la portò a Roma dall'Etiopia.
I Maya utilizzavano l'ossidiana lucidata come "specchio magico", uno strumento di divinazione.

- La pietra ossidiana, allinea la volontà con il Divino ed è una pietra potente e di protezione per eliminare le energie negative.

E' un'antichissima Pietra di culto e le veniva attribuito il potere di scacciare i demoni.
Un'altra tipologia è l'ossidiana fiocco di neve, che è una pietra bianca e nera e presenta una forte vibrazione spirituale e di protezione psichica.
L'ossidiana ha la straordinaria e inquietante capacità di scavare in profondità nelle proprie ombre, portando avanti grande intuizione e conoscenza, sia personale che sulle cose materiali.

- E' una pietra efficace per combattere lo stress e la depressione, il rilascio di vecchi rancori e di accettazione del passato.

Attenua il dolore e stimola la circolazione del sangue: inoltre, si tratta di una pietra protettiva rispetto a problemi futuri.
Può aiutare soprattutto coloro che, in qualche modo, si mettono spesso nei guai per mancanza di giudizio o per una propensione personale.
- I minerali vibrano soprattutto all'interno del chakra di base e aiutano a liberarsi dell'energia in eccesso, attraverso il chakra della terra.

In cristalloterapia, l'ossidiana aiuta la comunicazione spirituale, tanto che per secoli gli sciamani hanno utilizzato tali cristalli per entrare in contatto con i propri spiriti guida: il minerale, inoltre, è noto per amplificare i poteri medianici e il dono della profezia.
- Trasforma l'energia e le emozioni in modo potentissimo.

E' anche una pietra di messa a terra potente: circonda il portatore con uno scudo di energia che blocca la negatività.
A chi la utilizza viene fornita infinita benevolenza ed energia guaritrice.
Indicata per riuscire a scoprire i lati oscuri della propria personalità al fine di modificarli; indicata in caso di traumi, blocchi, shock e paure, poiché riesce a infondere l'energia necessaria per superarli.

Pirite

La pirite, deve il suo termine dal greco "pyros" letteralmente "fuoco", dato il formarsi di scintille quando viene colpita.
I francesi chiamano la pirite "Pierre de Santé", che significa "pietra della salute", data la forte convinzione, già prima del Medio Evo, dei suoi effetti positivi per la salute in generale.

- La pirite, vista la somiglianza con l'oro, ne ha fatto in tutte le latitudini e culture nel mondo un forte simbolo tradizionale per attrarre il denaro e la buona fortuna.

Inoltre, la pirite simboleggia il calore e la presenza vitale e duratura del sole, favorendo il richiamo di bei ricordi d'amore e d'amicizia.

- Ha la proprietà di catturare le energie della terra e del fuoco e ciò ne fa uno strumento ottimale sia per bilanciare il chakra della radice sia per il bilanciamento e rafforzamento dell'Aura.

La pirite può aiutare donando una sensazione di maggiore vitalità durante i periodi di duro lavoro o di maggiore stress: può aumentare la resistenza fisica, stimolare l'intelletto e aiutare a trasformare il pensiero in azione intelligente.
Fortemente consigliata alle persone che affrontano giornalmente grandi idee concettuali, nel mondo degli affari, delle arti o dell'istruzione: le sue proprietà

rafforzano le capacità mentali e la consapevolezza di forme superiori di conoscenza.

Può migliorare la capacità di comunicazione allontanando l'ansia e la frustrazione.

Aiuta a rendere evidenti tutte le caratteristiche della propria personalità, anche le più nascoste, permettendo la presa di coscienza della reale natura e favorendo l'apertura e la lealtà nei rapporti con le altre persone.

- Contrasta l'ansia e la depressione.

Permette di far riaffiorare alla coscienza le cause che hanno originato una malattia psicosomatica e, quindi, aiuta nel ripristinare il processo di guarigione.

- E' antidolorifica, ma non deve essere tenuta troppo a contatto con la pelle poiché il sudore può far rilasciare alla Pietra il solfuro di ferro che irrita l'epidermide.

E' benefica per la circolazione e l'apparato respiratorio: bronchite, tonsillite, laringite, faringite, tracheite.

Onice nero

L'onice nero aiuta a comprendere meglio i desideri degli altri: apre, quindi, al confronto con le persone e noi stessi.
Consigliata a quelle persone che necessitano in questo particolare momento della vita di fare chiarezza, sia per quanto riguarda gli obiettivi da raggiungere sia i sentimenti.

- L'onice nero aiuta a sentire meno il peso del giudizio altrui.

E' una pietra molto potente perché riesce ad aumentare la forza d'animo, aiutando ad allontanare i giudizi non costruttivi e concentrandosi solo su ciò che è realmente utile.

- Rafforza le radici energetiche e aiuta a trovare il proprio scopo qui sulla terra.

E' assolutamente sconsigliato dormire a contatto con questa pietra: nonostante sia una pietra benefica, il contatto notturno non è favorevole perché tende ad agire in maniera troppo "aggressiva".
Per la notte è bene utilizzare qualcosa come il cristallo di rocca, la selenite o la fluorite.

- L'onice nero deve stare sempre nella parte bassa del corpo.

Sì, quindi, a cavigliere e bracciali: anche tenerla in tasca è più che sufficiente, ed esiste un motivo ovviamente:

- Il nero si allinea bene con i chakra bassi, e non dovrebbe, teoricamente, essere utilizzata in nessuna zona sopra l'ombelico.

I chakra superiori hanno energie molto più spirituali che non combaciano con quelle terrene dell'onice nero.

Tormalina

La tormalina rossa è collegata al primo chakra e si attiva al sole.
Equilibra la funzionalità degli organi riproduttivi, rafforza la volontà, la passionalità, lo spirito d'iniziativa e il coraggio.

- La tormalina nera si collega al 1° chakra e viene potenziata dai raggi indiretti del sole.

Favorisce la risoluzione dei problemi legati al sistema osseo: è perfetta sul coccige per alleviare i disturbi dell'artrite.
Si dice protegga dalle negatività e non solo in senso metaforico, in quanto è noto come la tormalina sia una pietra di purificazione che ha il potere di deviare e trasformare l'energia negativa, specie quella generata da campi elettrici e magnetici e radiazioni, ed è, quindi, molto protettiva e ampiamente usata come pietra di radicamento.
Agisce soprattutto come uno scudo protettivo che difende sia dalle emozioni negative, sia dalle energie negative esterne: le devia, anziché assorbirle.

- Portando con sé o indossando un pezzo di tormalina nera si riducono drasticamente le tendenze nevrotiche.

E' una delle migliori pietre da usare quando si cerca di ancorare le energie spirituali, una pietra ideale da collocare sui chakra inferiori nel corso di una terapia con i cristalli, così da immettere nel corpo fisico energie provenienti dai chakra superiori.

Granato

Il granato è collegato al 1° chakra e si ricarica al sole.
Rivitalizza il sistema riproduttivo e sessuale, stimola l'erotismo e la passionalità: dà energia al sangue.
Rinforza, purifica, vitalizza i sistemi del corpo, specialmente quello vascolare, dona equilibrio ai disturbi tiroidei, stimola la ghiandola pituitaria, guarisce i malanni della pelle, specialmente le infiammazioni.
Particolare la credenza orientale che il granato detiene non solo il potere di proteggere il suo utilizzatore da energie negative manifestate da altri, ma di respingere tali energie negative a chi le ha originate.

- Il granato può essere, quindi, utile per una totale schermatura corporea e per l'anima.

Il granato in generale esalta l'immaginazione, aiuta a uscire dallo stato di passività e a incanalare l'energia creativa.
E' di grande aiuto nell'equilibrio del sistema energetico:

- Stimola i desideri e risolleva lo stato d'animo depresso.
- Sviluppa la presa di coscienza.
- Dona calma, coraggio e forza di volontà.
- Non agisce a livello sedativo, ma conferisce una maggiore serenità, sicurezza, determinazione e intensità nell'azione.

Come pietra di moderazione può essere utilizzata per bilanciare il chakra sacrale e il desiderio sessuale eccessivo e per favorire la crescita controllata della Kundalini, ispirando amore e passione, devozione e lealtà ma anche la costanza nelle amicizie.

- Quando il granato viene utilizzato in combinazione con l'ametrino o la cianite, può contribuire a fornire informazioni di vite passate.

Peculiarità del granato è quella di calmare la rabbia interna e non manifesta, che si possiede nei propri confronti.

Rubino

Venerato in più culture attraverso la storia, il rubino è sempre stato visto come un talismano di passione, protezione e prosperità.
Simboleggia il sole e il suo colore brillante è simile a una fiamma inestinguibile.

- Questo bellissimo cristallo emana un raggio rosso puro, con una vitalità senza eguali nel regno minerale.
- Stimola attivamente il chakra di base, aumentando la vitalità e il "chi", l'energia della forza vitale, in tutto l'organismo e nello spirito.

Favorisce chiarezza mentale, concentrazione e motivazione e dona un senso di potere a chi lo indossa, con un'autostima e una determinazione che fanno superare la timidezza e spingono a osare.
Il minerale incoraggia il piacere sensuale, stimola il cuore e migliora la circolazione sanguigna: di conseguenza, aumentando proprio il desiderio sessuale, può essere utilizzato per attivare la Kundalini.
È sempre stato associato all'amore appassionato e, in antichità, veniva considerato una pietra adatta alle nozze.

- La varietà del rubino stellato ha le stesse proprietà metafisiche del rubino, ma con una maggiore forza di guarigione e di energie magiche.

È più potente con la luna piena.

È estremamente efficace nei casi di persone autolesioniste, con problemi erotici e con traumi di natura sessuale.

Coloro che sono molto nervosi o irritabili, tuttavia, potrebbero trovare questa pietra iperstimolante, vedendo così aumentata la loro iperattività.

Considerato un minerale legato al sangue, rafforza il cuore, il miocardio, i ventricoli e le coronarie, stimolando la circolazione sanguigna.

- Il rubino è afrodisiaco e permette di sperimentare tutte le forme di amore, che vanno dalla sensualità selvaggia alla comunione mistica.

Approfondisce il rapporto di coppia, incoraggiando l'impegno reciproco e la vicinanza fisica e mentale.

Mantiene alta la passione fra due amanti ed è eccellente per aumentare le probabilità di concepimento: inoltre, è considerato benefico contro impotenza, infertilità e menopausa precoce.

- Viene considerato, non a caso, un "cristallo di luce" nei momenti bui della propria vita, facendo superare il sovraccarico di pensieri e stress di cui spesso le persone più coscienziose si appesantiscono.

Si purifica e si ricarica su una drusa di cristallo di rocca: meglio evitare, invece, la luce diretta del sole, che potrebbe scolorirlo.

Tectite

La tectite ricopre un ruolo di primo piano grazie alle sue numerose proprietà: questa pietra extraterrestre, formata da impatti meteorici, è conosciuta per la sua energia intensa e per le sue potenzialità in termini di elevazione spirituale.

La tectite stimola la consapevolezza che siamo frutto di una mescolanza di Spirito e Materia: in questo modo, incita la riscoperta della nostra natura spirituale

- A livello del Subconscio modifica il modo con il quale ci approcciamo verso l'esterno, ritoccando le priorità.

Limita l'eccessivo attaccamento alle cose materiali, al denaro, alla posizione sociale, al lavoro: distoglie la mente dagli impedimenti legati al denaro e alle cose materiali, mostrando vie diverse e creative per risolvere i problemi.

Aiuta a liberarsi dalle paure per il futuro.

Accelera la guarigione, riduce i danni dovuti a radiazioni: è indicata nelle malattie infettive.

- Favorisce l'equilibrio del chakra radice, rafforzando la connessione tra mente e corpo.

Il contatto con questo cristallo aiuta a liberarsi dei pensieri negativi e promuove uno stato di consapevolezza superiore: attraverso le sue vibrazioni, la

Tectite ci incoraggia a essere più ricettivi ed empatici verso gli altri.

Staurolite

Pietra di particolarità, la Staurolite, ha l'aspetto di due fiammiferi opachi, marrone giallastri, cresciuti sovrapposti in modo da formare una croce, ed è un grande protettore dalle energie ed eventi indesiderati.

- La Staurolite è un valido protettore della coppia usandola come dono da farsi a vicenda.

La staurolite spinge a trovare la propria identità, in maggior accordo con la vera natura spirituale, rendendo chiaro quale sia il vero significato degli avvenimenti e a distinguere quanto ci sia di vero e quanto di falso nelle nostre convinzioni.

- Aiuta ad abbandonare i modelli di pensiero limitanti e ad apportare i giusti cambiamenti nella vita, necessari per incrementarne la qualità.

Rende fiduciosi in se stessi, nella possibilità di migliorare e nel futuro.

- Alimenta le regioni fisiche energeticamente impoverite, migliorando il flusso energetico dei chakra inferiori.

Viene considerata un potente portafortuna e uno scudo contro gli attacchi esterni.
Per attivarla è necessario orientare le quattro braccia della croce secondo i quattro punti cardinali, possibilmente all'interno di una piramide.

Shungite

La Shungite è una pietra di colore nero, costituita in gran parte da Carbonio e trova le sue radici nelle miniere della Repubblica di Carelia, in Russia, dove è stata scoperta per la prima volta.
Si pensa che si sia formata più di due miliardi di anni fa, durante il periodo precambriano, quando le prime forme di vita iniziarono a emergere sulla Terra.

- Oltre al Carbonio, è costituita anche da altri elementi, simili alla Grafite, che si chiamano Fullereni: ad oggi, è l'unico minerale che contiene questi elementi sulla Terra ed è considerata una pietra unica.

A seconda della percentuale di Carbonio presente, abbiamo tre tipologie principali di Shungite:
- Shungite Elite: il primo tipo è costituita da Carbonio al 90-98%, più argentea e metallica, è la più pura e l'unica che può essere utilizzata anche per filtrare e purificare l'acqua.
- Shungite Petrovsky: la seconda è la tipologia che ha dal 60 al 90% di Carbonio.
- La terza ha, invece, la percentuale di Carbonio più basso dal 30 al 50%.

Queste sono le tre principali tipologie di Shungite: non c'è una tipologia migliore di un'altra, semplicemente, se vogliamo purificare (o filtrare) l'acqua dobbiamo usare quella al 98%: le altre, invece, sono più facilmente lavorabili e si utilizzano per creare oggetti e gioielli.

La shungite insegna l'adattamento alle situazioni più incostanti: come l'acqua che si adatta alle forme del suo recipiente, esorta a riconoscere le opportunità in tempi turbolenti, soprattutto quando sono mascherate da minacce che incutono timore, proteggendo dalle influenze esterne indesiderate.

A livello mentale migliora la capacità di analisi pragmatica delle situazioni (pro e contro), evitando la confusione generabile dall'insorgere di paure e timori, provenienti da blocchi non ancora superati o da influenze esterne sfavorevoli.

- Neutralizza l'insicurezza, la paura che il futuro apporti solo ostacoli e problemi, generando senso di stabilità e di fiducia.

La shungite riequilibra gli stati energetici del corpo fisico.

- Neutralizza ogni tipo di radiazioni, ricarica gli stati di eccessiva stanchezza, siano dovuti a periodi di stress lavorativo o convalescenza dopo una malattia..

Si può farla aderire con un cerotto alla pelle in corrispondenza del 1° chakra: è, comunque, consigliato per non più di 3-5 giorni alla volta, per permettere alla pelle di respirare.

Quarzo Ematoide

Il Quarzo Ematoide è la compenetrazione naturale dell'ossido di ferro, Ematite, che va a depositarsi all'interno del Quarzo Ialino.
È un Cristallo di aiuto nel tirare avanti donando forza e nel contempo gioia di vivere.
Il quarzo ematoide favorisce il lavoro di riequilibrio tra materia e spirito, cioè tra la necessità di vivere pienamente l'aspetto tridimensionale dell'esistenza e, allo stesso tempo, rimanere consapevoli della propria identità di Anima in cammino.

- Stimola pensieri volti alla costanza e al coraggio, trasmettendo dinamismo e positività: calma ansia, panico e attacchi isterici.

Il quarzo contenuto nella pietra aiuta ad apportare chiarezza di comprensione dei propri stati emotivi, mentre l'ematite aiuta a rafforzare il senso di autoefficacia e di fiducia nelle proprie capacità.
Il quarzo ematoide, stimolando la produzione di emoglobina, rafforza il sitema immunitario, rinforza i muscoli, il fegato e i reni.

Fiori di Bach

Il minerale lavora in buona sinergia con il rimedio Olive: si consiglia di utilizzare prima il fiore e poi, a terapia floreale conclusa, proseguire il lavoro la pietra.

- Si può farlo aderire con un cerotto alla pelle in corrispondenza del 1° chakra.

Quarzo fumé

È indicato soprattutto per le persone che hanno perso il contatto con la realtà e la società, in quanto trasmette un nuovo senso di stabilità e di felicità nel trovarsi sulla terra: a livello spirituale, tale varietà di quarzo assorbe le energie negative, le depura e le dona nuovamente al proprietario sotto forma di energia positiva.

- Il quarzo fumé trasmette la Luce spirituale nel chackra della radice, al fine di stimolare la sicurezza e la fierezza di camminare sulla Terra in un corpo fisico, permettendo di trovare la luce nel buio delle situazioni difficili, affrontando fatica e sofferenza con coraggio e con la sicurezza di potercela fare.

Aiuta a manifestare i propri sogni e i propri ideali nella realtà fisica, ispirando vie di realizzazione obiettive e pragmatiche: spinge ad assimilare di più dalla vita e, al contempo, ad abbandonare ciò che non è più utile e in sintonia con la persona e i suoi scopi superiori.

Infine, neutralizza la tendenza alla fuga dai problemi, spingendo ad accettare il proprio corpo, cuore e vita: in seguito, spinge ad accettare la responsabilità personale riguardo alla qualità della propria vita e ad agire per migliorarla, risollevando, quindi, dagli stati depressivi.

- Si può farlo aderire con un cerotto alla pelle in corrispondenza del 1° chakra.

Occhio di Falco

Il colore dell'occhio di falco va dal grigio-azzurro al blu scuro su sfondo nero, con una lucentezza opaca.
Ricorda il colore di un occhio, dai meravigliosi riflessi di luce ondeggianti, che attraversano la gemma nel senso della lunghezza, con un luccichio detto "gatteggiamento" dovuto alla presenza di fibre di amianto.
L'occhio di falco è una delle pietre più facili da scambiare per occhio di tigre o occhio di gatto: in effetti, l'occhio di falco condivide molte proprietà fisiche con un l'occhio di tigre, ma in realtà è più vicino a un occhio di gatto.

- Le strisce di crocidolite nell'occhio di gatto sono perfettamente dritte e quasi parallele mentre nell'occhio di tigre possono curvare e piegarsi: nell'occhio di falco sono parallele e blu.

L'occhio di falco genera la capacità di comprendere le cose da un punto di vista più elevato, aiutando a capire come opera il mondo: aiuta a superare gli ostacoli con determinazione, facilitando il radicamento a terra senza sforzo.
Permette di assumere la giusta distanza dagli avvenimenti quotidiani per poter avere una visione di insieme.
L'occhio di falco combatte stress e nervosismo, allevia il dolore e i tremori, oltre a ridurre l'iperattività delle ghiandole ormonali.

Legno fossile

Il legno fossile aiuta il processo di recupero delle proprie radici, generando un senso di appartenenza nei confronti del pianeta.
- Rende stabili e saldamente radicati in se stessi, donando tenacia, compostezza emotiva e resistenza dinanzi le avversità.

Il legno fossile riduce l'invecchiamento fisico e l'arteriosclerosi, oltre a favorisce la digestione e il metabolismo.
Portarlo con sé, in tasca o in un sacchetto in fibra naturale appeso al collo, oppure indossarla come pietra montata in collane, bracciali o ciondoli.
Dormirci, inserendola nella federa del cuscino.
- Si può farla aderire con un cerotto alla pelle in corrispondenza del 1° chakra.

Per utilizzare questa pietra si dovrebbe seppellirla per tre giorni, durante la luna crescente, tra le radici di un grande albero.

Covellina

La covellina è una pietra preziosa appartenente alla famiglia dei solfuri e ha un aspetto distintivo caratterizzato da colori iridescenti che variano dal blu al grigio: le sue proprietà energetiche la rendono una pietra molto apprezzata in cristalloterapia, in quanto è nota per favorire il riequilibrio del 1° chakra e promuovere la tranquillità interiore.

Il centro energetico stimolato dalla Covellina è il primo chakra, Muladhara, quello legato al senso del radicamento e alla solidità, insomma, quello da riattivare, nel caso vi sentiate stanchi e demotivati.

- La covellina favorisce l'amore per se stessi e la conoscenza di sé, aiutando a dissolvere gli schemi del passato e accettandosi per ciò che si è: riduce l'insoddisfazione mentre vedere i propri difetti modera la presunzione e l'arroganza.

Migliora la sensibilità del corpo, consentendo di trovare il giusto equilibrio tra rilassatezza e tensione, oltre a stimolare la digestione e l'attività sessuale.

- La covellina lavora in buona sinergia con il rimedio Pine dei Fiori di Bach: fiore e pietra possono essere impiegati contemporaneamente.

Si può farla aderire con un cerotto sulla pelle in corrispondenza del 1° chakra.

www.ingramcontent.com/pod-product-compliance
Lightning Source LLC
Chambersburg PA
CBHW071513040426
42444CB00008B/1624